ENTRE CULTURAS

CROSS-CULTURAL MINI-DRAMAS FOR INTERMEDIATE STUDENTS

BARBARA SNYDER

National Textbook Company
a division of *NTC Publishing Group* • Lincolnwood, Illinois USA

Acknowledgments

Thanks to María Agrelo-González, of Walnut Ridge High School, Columbus, Ohio, for her careful reading of the manuscript and for her suggestions on the cultural notes. Thanks also to Rigoberta Figueroa, of Taxco, Mexico, for her ideas on Mexican culture.

Dedicated to my friend, Tracy David Terrell

1997 Printing

Published by National Textbook Company, a division of NTC Publishing Group.

Manufactured in the United States of America.

7 8 9 0 VP 9 8 7 6 5 4 3 2

Contents

How to Use This Book

The mini-dramas in this book involve American teenagers and Spanish-speaking teenagers and their families. In most cases, the American is an exchange student living with a family in a Spanish-speaking country, or a Spanish-speaking teen is living with an American family. In some cases, young Americans traveling in Spanish-speaking countries are featured.

Experiencing life in another country can be full of surprises and can also create unexpected problems. That is what this book is about: various areas of life that are different in different countries. Each mini-drama involves a single difference, and after reading or listening to the mini-drama, you are asked to decide on the best possible answer to a question about this difference. After you have decided what the solution is, turn to the page indicated and read the follow-up explanation for that answer. It will explain why you are right and give further information, or it will explain why you have not chosen the best answer. Quite often it will give you a clue so that you can go back and choose the correct answer.

When you travel to a Spanish-speaking country, knowing about some of these differences will help you better understand your Spanish-speaking friends. If a new mini-drama occurs in your life, you can think up several possible explanations for the situation and have an interesting time discovering the real answer.

Introduction

Experiencing life in another country can be full of surprises and can also create unexpected problems. That is what this book is about: values, attitudes, expectations, life-styles, roles, beliefs, etc., that tend to be expressed differently in different countries. Each of the mini-dramas included in this volume dramatizes one of these differences.

At the conclusion of each mini-drama, a question with four possible solutions is given and students are directed to check their answers. If they do not select the correct answer the first time, the students are given clues and additional information in order to solve the problem.

The mini-dramas can be used as supplementary material with a textbook, as a separate unit, or as a mini-course. Although there are suggested units, each chapter is self-contained and may be used as the various concepts arise in the textbook you are using.

There are three main objectives in presenting this cultural material: 1) The student will understand that there are differences in culture as well as in the language of other countries; 2) The student, if he or she travels to a Spanish-speaking country, will have fewer cultural conflicts; 3) When a conflict in cultures does occur, the student, because he or she has had experience testing hypotheses, will be able to resolve the conflict in an intellectual manner, thus lessening the emotional impact of culture shock. The first objective affects every student in today's world. The realization that there are cultural differences in behavior, values and beliefs, life-style, and thinking processes is the first step in appreciating people from another way of life. This objective is easily measurable at the intellectual level.

As a follow-up to the cultural mini-drama, the teacher may conduct a class discussion that emphasizes not that one way is right and one is wrong, or that one is better than the other, but, simply, that there are different ways of thinking or acting in the situation. The students, for further practice, could continue the conversation as the character from the United States begins to understand, or could rewrite the conversation with the U.S. student reacting knowledgeably to the situation.

This volume follows *Encuentros culturales*, the first volume of mini-dramas published by National Textbook Company, which has been a classroom standard since its publication.

Situations

1 A sus órdenes

Un estudiante de intercambio de North Carolina conoce a los amigos de la familia Figueroa de Montevideo, Uruguay.

TEODORO: Hola, Ricardo. Buenas noches, Yolanda. ¿Cómo están ustedes?

YOLANDA: Bien, gracias, Teodoro. Y tú, ¿cómo estás?

TEODORO: Muy bien. Muchas gracias por invitarnos a la cena, Yolanda.

YOLANDA: De nada, Teodoro.

TEODORO: Jaime, quiero presentarte a mis amigos, los señores Ricardo y Yolanda Reyes.

JIM: Mucho gusto, señores.

RICARDO: El gusto es nuestro, Jaime.

TEODORO: Y esta niña es su hija, Margarita.

JIM: Mucho gusto.

RICARDO: ¿Qué dices, Margarita? Salúdale.

YOLANDA: Sólo tiene tres años.

RICARDO: Dale la mano, Margarita. Salúdale.

MARGARITA: A sus órdenes.

YOLANDA: Muy bien, hija.

JIM: Es una niña preciosa.

YOLANDA: Gracias. Aquí viene Mateo Cisneros.

RICARDO: Hola, Mateo, ¿qué tal?

MATEO: Muy bien, gracias. ¿Qué hay de nuevo?

RICARDO: Nada de particular. Mateo, quiero presentarte a Jaime Robinson. Es de los Estados Unidos.

JIM: Mucho gusto.

MATEO: A tus órdenes, Jaime. ¿De qué estado eres?

JIM: Soy de Florida. Aquí estoy con la familia Figueroa.

MATEO: Bienvenido. Todos están aquí hoy. Miren, aquí viene Antonio. Hola, Toño.

ANTONIO: ¿Qué pasa? *(Le habla a Jaime.)* Buenas noches. Antonio Alvarado, a tus órdenes.

JIM: Gracias. Mucho gusto en conocerlo. Soy Jim Robinson, pero me llaman Jaime.

TEODORO: Bien, amigos, vengan. Es hora de comer.

(Más tarde)

TEODORO: Pues, Jaime, creo que es hora de salir.

JIM: Creo que sí. Yolanda, me divertí mucho y la comida fue excelente. Gracias por todo.

YOLANDA: De nada, Jaime. Aquí tienes tu casa. Estamos a tus órdenes.

TEODORO: Hasta mañana, Ricardo. Nos vemos pronto, Yolanda.

RICARDO: Hasta luego, jóvenes.

JIM: Adiós, hasta luego.

Why do they keep saying *a sus órdenes* ? What is Jim supposed to ask them to do?

A. Jim is in Uruguay on business and is going to order Uruguayan products to sell in the U. S. (Turn to p. 160.)

B. It is a Uruguayan military expression used because Ricardo is a major. (Turn to p. 123.)

C. Jim's father is a coronel in the army. (Turn to p. 129.)

D. They are just being polite. (Turn to p. 124.)

2 Bienvenidos

Los padres colombianos de una estudiante de intercambio la visitan en Tennessee durante sus vacaciones.

FELISA: Papá, quiero presentarle a mi papá norteamericano, George Martin. Dad, éste es mi papá, Roberto Ortiz.

SR. MARTIN: Mucho gusto, Roberto. Bienvenido a nuestra casa.

SR. ORTIZ: Ahhh, el gusto es mío, señor.

FELISA: Mamá, ésta es la señora Martin, y Mom, mi mamá, Celia Ortiz.

SRA. ORTIZ: Encantada, señora.

SRA. MARTIN: Igualmente, Celia. Bienvenida. Mi casa es su casa.

SRA. ORTIZ: Pues, gracias.

SR. MARTIN: ¡Qué bueno que ustedes visiten Nashville! Lo siento, Roberto, pero no hablo muy bien el español.

SR. ORTIZ: No se moleste usted, señor. Por mi parte casi no hablo nada del inglés.

SR. MARTIN: Pues, Roberto, ¿en qué trabaja en Colombia?

SR. ORTIZ: Soy ingeniero.

SR. MARTIN: Ah, sí. Ahora me acuerdo, Roberto. Felisa me dice que trabaja en la construcción de puentes. ¿En las montañas?

SR. ORTIZ: No, señor, mi oficina está en Bogotá.

SRA. MARTIN: Celia, ¿cómo se prepara el café en Colombia? Felisa dice que el café con leche es diferente allá.

SRA. ORTIZ: Sí, señora. Primero, preparamos un café muy fuerte y también preparamos la leche caliente. Luego, mezclamos los dos ingredientes y agregamos dos o tres cucharitas de azúcar. Es más o menos como el chocolate caliente que ustedes toman aquí, pero tiene el sabor de café en vez de chocolate.

SRA. MARTIN: ¡Qué interesante, Celia! Mañana les voy a preparar el café con leche para el desayuno.

SRA. ORTIZ: Muy bien, señora. A mi esposo y a mí nos gusta mucho el café con leche.

(Más tarde)

SR. ORTIZ: Celia, esta familia no tiene mucha cortesía, ¿no crees?

SRA. ORTIZ: Tienes razón, Roberto. Me da pena. Hay una falta de respeto. Estoy bastante preocupada por Felisa.

Why do Felisa's parents think that Karen's parents aren't polite?

A. Karen's parents call Felisa's parents Roberto and Celia. (Turn to p. 114.)

B. The Martins use the informal "you" (*tú*), rather than the formal form of address (*usted*). (Turn to p. 126.)

C. The Martins don't speak Spanish very well, so they seem rude. (Turn to p. 124.)

D. Karen's parents ask too many personal questions. (Turn to p. 130.)

3 Es de Venezuela

Un nuevo estudiante hispano entra en una escuela en Chicago, Illinois.

ANITA: Mira, Claudia. Ese chico es el nuevo estudiante en mi clase de matemáticas. Qué guapo, ¿verdad?

CLAUDIA: Tienes razón, Anita. ¿Cómo se llama?

ANITA: Benjamín Kubinski, pero lo llaman Benito. Y tiene un hermano mayor también. Dicen que los dos juegan muy bien al béisbol.

CLAUDIA: Ah, claro. Creo que su hermano está en mi clase de ciencias. ¿Sabes cómo se llama su hermano?

ANITA: No estoy segura, pero creo que es Marcos, Marcos Kubinski.

CLAUDIA: ¿Kubinski? Mmm. Es polaco, ¿verdad? ¿Sabes si es pariente de Patricia Kubinski?

ANITA: Creo que no. Además, habla español muy bien.

CLAUDIA: ¿En qué clase de español estudia?

ANITA: No estudia español aquí. Habla español porque es de Venezuela.

CLAUDIA: Anita, ¿no me dijiste que es de Miami?

ANITA: Pues sí, pero su familia solamente vivió allí el año pasado. Creo que ellos son venezolanos.

CLAUDIA: ¿Es adoptado?

ANITA: No sé. Él y su hermano se parecen mucho, pero no conozco a sus padres todavía.

CLAUDIA: ¿Estás segura de que su apellido es Kubinski?

Why does a student from Venezuela have a Polish name?

A. He and his brother are both adopted. (Turn to p. 158.)

B. He is from Poland originally and just lived in Venezuela for a couple of years. (Turn to p. 110.)

C. He is Polish-Venezuelan. (Turn to p. 122.)

D. The family's original name was Spanish, but they changed it to a Polish name. (Turn to p. 121.)

4 ¿Qué le llaman al bebé?

Michelle recibe una carta de un joven mexicano. Habla con su profesora de español en Missouri.

MICHELLE: Mire, señora. Recibí otra carta de Diego Ramírez, mi amigo de Veracruz.

SRA. RUIZ: ¡Qué bueno, Micaela! ¿Qué noticias trae?

MICHELLE: Pues, él está bien y quiere visitar los Estados Unidos el verano que viene. Y la esposa de su hermano Tomás, que estaba embarazada, dio a luz a un niño el mes pasado.

SRA. RUIZ: ¿Cómo se llama? ¿Cuánto pesa?

MICHELLE: Pesa más de cuatro kilos y medio y ...

SRA. RUIZ: Uy, es un niño grande.

MICHELLE: Sí, y se llama Tomás también. Qué bonito, ¿no? Tomás Ramírez ... ¿Cómo se dice *junior*, Sra. Ruiz?

SRA. RUIZ: ¿*Junior*? "Menor" o "más joven". Pero, ¿no es su primer hijo?

MICHELLE: Sí, es su primer bebé, Tomás Ramírez, Menor.

SRA. RUIZ: Pero, Micaela, en México tiene un segundo apellido, ¿verdad? ¿Cómo se llama su mamá, la esposa del hermano?

MICHELLE: Alicia.

SRA. RUIZ: Sí, pero, ¿cuál es su apellido?

MICHELLE: Ramírez. Es casada. Se llama Alicia Ramírez.

SRA. RUIZ: No, ¿cuál es el apellido de su familia? Ese es el segundo apellido del bebé, ¿recuerdas? No tiene el nombre de Tomás Ramírez, Menor. Tiene otro apellido.

MICHELLE: ¿Tomás Ramírez, Más Joven?

SRA. RUIZ: ¡Micaela! ¿Cuál era el apellido de Alicia antes de casarse con Tomás?

MICHELLE: Pues, creo que su papá es el señor Bustamante.

SRA. RUIZ: Entonces Bustamante es su segundo apellido.

MICHELLE: Oh, no. No es Tomás Bustamante Ramírez. Es Tomás Adán Ramírez.

SRA RUIZ: ¡Ay de mí! Voy a explicarte una vez más cómo son los apellidos en México.

What doesn't Michelle understand about Mexican names?

A. The mother's family names the children when they are born. The baby's name is Tomás Adán Bustamante. (Turn to p. 157.)

B. Boys are not named "Junior" because their names are different from their fathers'. The baby's name is Tomás Adán Ramírez Bustamante. (Turn to p. 141.)

C. The child's middle name is customarily taken from the mother's family. The baby's name is Tomás Adán Bustamante Ramírez. (Turn to p. 159.)

D. The name "Junior" is not used for the first son. The baby's name is Tomás Adán Ramírez II. (Turn to p. 126.)

5 Amigos, primos y novios

Una estudiante de intercambio de Arkansas empieza a conocer a su nueva familia en La Paz, Bolivia.

NICOLÁS: Tú tienes mucho en común con mi primo Manuel. A él también le fascina el teatro.

KAREN: Ay, Nicolás, tienes una familia muy grande. ¿Quién es Manuel?

NICOLÁS: Manuel Pérez Beltrán. Es hijo de mi tío Manuel, hermano de mi mamá.

KAREN: ¿Lo conozco?

NICOLÁS: Todavía no. Pero vas a conocer a toda la familia este fin de semana. Todos vienen para la fiesta de aniversario de mis abuelos.

KAREN: ¿Cómo es Manuel? Es decir, ¿es alto? ¿es rubio?

NICOLÁS: Quieres saber si es bien parecido, ¿verdad? Un momento. Creo que tengo una foto de él en el escritorio. Sí, mira.

KAREN: Ay, me tomas el pelo, Nicolás. Pero sí, es muy guapo. ¿Cuántos años tiene?

NICOLÁS: Claro que es guapo. Es mi primo. Tiene diecinueve años. Y la niña que está con él es una de sus hermanas, mi prima Leonora. Pero Amparo es mayor que ellos.

KAREN: ¿Tienes una foto de Amparo?

NICOLÁS: No, no está en ningunas de las fotos porque está en la universidad. Pero viene también el domingo con su nuevo amigo. Te apuesto que es su novio.

KAREN: ¿El novio de Leonora?

NICOLÁS: Sí, él probablemente va a estar aquí también.

KAREN: ¿Tiene novia Manuel?

NICOLÁS:	Ahora no. Solamente mis primas tienen novios. Manuel dice que quiere tener una novia norteamericana.
KAREN:	¡Nicolás! Me estás tomando el pelo otra vez.
NICOLÁS:	Sí, pero ¿quién sabe? Rafael, el joven que viene con Amparo este fin de semana, es norteamericano. Creo que es de Los Angeles.
KAREN:	Fantástico. Voy a conocer a muchos muchachos. Quiero bailar con todos.
NICOLÁS:	Pues, claro que Rafael viene con Amparo.
KAREN:	Entonces, les llamo a Lola y a Marisol para invitarlas a la fiesta.

What hasn't Karen realized yet?

A. Rafael and Amparo are much older than Manuel and Nicolás. (Turn to p. 151.)

B. Amparo is a girl. (Turn to p. 143.)

C. Rafael is Leonora's boyfriend. (Turn to p. 110.)

D. Nicolás is jealous. (Turn to p. 109.)

6 Don Javier

Un estudiante de North Dakota está en una joyería en Bogotá, Colombia.

MARK: Quiero comprar algo para mi abuela mientras estoy aquí en Colombia.

ERNESTO: A casi todas las mujeres les gustan las esmeraldas.

MARK: ¿Son de Colombia?

ERNESTO: Sí, Marcos, casi todas las buenas son de aquí, aunque en el Brasil también las hay.

MARK: Me gusta mucho esta brocha. Si es de Colombia, voy a comprarla.

ERNESTO: Probablemente que sí, pero mira. Aquí viene don Javier. Podemos preguntarle a él.

MARK: ¿Don Javier? ¿Quién es?

ERNESTO: Es el dueño de esta joyería y un buen amigo de mi abuelo.

DON JAVIER: Buenos días, Ernesto. ¿Cómo estás?

ERNESTO: Muy bien, don Javier. ¿Cómo está usted?

DON JAVIER: Bastante bien. ¿Y tu familia?

ERNESTO: Todos bien, gracias. Don Javier, éste es mi amigo norteamericano, Mark Johnson.

DON JAVIER: Mucho gusto, Mark.

MARK: El gusto es mío, señor Javier.

ERNESTO: Perdóneme, don Javier, la culpa es mía. Mark, el apellido de don Javier es Suárez, pero en nuestra familia lo llamamos don Javier.

MARK: Oh, lo siento, señor Suárez.

DON JAVIER: Claro, Mark. No hay problema. ¿En qué puedo servirle?

What caused the misunderstanding about Señor Suárez's name?

A. Mark doesn't understand formal and informal forms of address yet. (Turn to p. 110.)

B. Mark didn't know that last names aren't usually given except in very formal introductions. (Turn to p. 135.)

C. Señor Suárez should have stated his name before saying, "Mucho gusto." (Turn to p. 109.)

D. Señor Suárez interrupted before Ernesto could complete the introduction. (Turn to p. 120.)

7 Señor Licenciado

Los jóvenes de California están en la recepción del intercambio de las Ciudades Hermanas en Taxco, México.

CARMEN: Este intercambio de las Ciudades Hermanas es muy buena idea.

SARAH: Estoy de acuerdo. Me alegro mucho de estar aquí. Taxco es una ciudad muy bonita.

CARMEN: Sí, Sarah, es muy vistosa porque está situada en las laderas de la montaña.

SARAH: Y me gusta su aspecto colonial que han preservado.

CARMEN: A mí también. Ahí viene el jefe de nuestro club. Señor Licenciado, quiero presentarle a Sarah Madison de Canoga Park, que está hospedada con nosotros.

SARAH: Encantada, señor.

SEÑOR L. Bienvenida a Taxco, Sarah. Y ahí viene mi hijo. Ven, José. José, ésta es Sarah Madison de California.

JOSÉ: Mucho gusto, señorita.

SARAH: El gusto es mío, José.

SEÑOR L. Y ahora con permiso, tengo que ver si todo está listo para el programa de recepción.

CARMEN: Ándale, señor. Gracias por todos sus esfuerzos.

SEÑOR L. De nada. Podemos hablar más tarde ¿eh? *(El señor Licenciado se va.)*

CARMEN: ¿Quieren ustedes un refresco?

JOSÉ: Permíteme, Carmen. Yo les traigo algo. ¿Qué quieren?

CARMEN: No, José. Yo puedo traerlos. Platiquen tú y Sarah un rato.

JOSÉ: Gracias. Si hay, quiero una Coca Cola.

SARAH: Y para mí, un Sprite o Yoli, por favor.

JOSÉ: ¿Qué te parece Taxco?

SARAH: ¡Me encanta! Ah, ahí está mi amigo David. Oye, David.

DAVID: Hola, Sarah. ¿Te diviertes?

SARAH: Muchísimo. David, quiero presentarte a José Licenciado.

JOSÉ: Mucho gusto, David, pero me llamo José Lozano.

SARAH: Ay, perdóname, José. Es que tu padre es el señor Licenciado, y pues...

JOSÉ: Está bien. No te molestes.

DAVID: Y yo soy David Garrison, a tus órdenes.

Why did Sarah use the wrong name when she introduced José to David?

A. She never learned how to introduce people correctly. (Turn to p. 136.)

B. José uses his mother's name. (Turn to p. 140.)

C. She misunderstood his father's name. (Turn to p. 157.)

D. She gave his father's title, not his name. (Turn to p. 118.)

8 Hey, Mister!

Un estudiante de Georgia está en el Mercado Libertad en Guadalajara, México.

PAUL: ¡Este mercado es enorme! ¿Cómo vamos a encontrar las guitarras?

VÍCTOR: Pues, cada cosa tiene su lugar. Los puestos de guitarras están por ahí.

PAUL: ¡Qué mercado tan impresionante! Mira todos los zapatos y huaraches. Y también las bolsas y carteras y ...

VÍCTOR: Sí, Pablo, por aquí tienen todos los artículos de cuero.

VENDEDOR: Hey, Mister. Look here. We have very nice shoes.

PAUL: No, thank you.

VENDEDOR: Come, Mister. See my shop. I give you a special price.

PAUL: ¡Qué interesante, Víctor! Hablan inglés aquí en un mercado mexicano.

VÍCTOR: Está hablando inglés porque hay muchos turistas aquí hoy. Casi todos los vendedores hablan un poquito de inglés. Y si no puedes encontrar una guitarra que te guste aquí en este mercado, entonces no hay tal guitarra. Aquí tienen de todo.

PAUL: Estoy seguro de que puedo encontrar una.

VÍCTOR: Entonces, vámonos. Creo que están en esa dirección.

VENDEDOR: Okay, Mister. You miss some very good things.

PAUL: Definitivamente, ¡no quiero ver nada en ese puesto! A ese vendedor le falta cortesía. No es bien educado.

VÍCTOR: Pues, no te molestes, Pablo. Así son los vendedores.

VENDEDOR: *(Ve a otra turista.)* ¡Lady! ¡Hey, Lady!

PAUL: Ay, ¡vámonos! Estoy cansado de esto.

What is bothering Paul?

A. The vendor is speaking English to Paul, and Paul wants to practice speaking Spanish. (Turn to p. 141.)

B. The vendor is angry because Paul isn't buying anything. (Turn to p. 146.)

C. This is a tourist market and Paul wants to go to a real Mexican market. (Turn to p. 131.)

D. The way the vendor uses English makes him seem rude. (Turn to p. 116.)

9 Sí, señorita

Una turista de Nuevo México está en una agencia de viajes en la Ciudad de Guatemala.

AGENTE: Buenos días, señorita. ¿En qué puedo servirle?

SRA. SALINAS: Mi familia y yo pensamos pasar ocho días más aquí en Guatemala y queremos ver un poco más del país.

AGENTE: Muy bien, señorita. ¿Cuántas personas son ustedes, señorita?

SRA. SALINAS: Cuatro. Mi esposo está aquí de negocios y está trabajando hoy. También están aquí nuestros dos hijos. La próxima semana estamos de vacaciones.

AGENTE: Ustedes tienen suerte. Guatemala tiene muchos sitios muy bonitos e interesantes. Le sugiero un viaje a Tikal para ver las ruinas mayas.

SRA. SALINAS: Pues, mi esposo quiere ir a Antigua y mis hijos quieren ver el Lago Atitlán.

AGENTE: Excelente, señorita. Los dos lugares son muy interesantes.

SRA. SALINAS: Soy señora. La señora Salinas.

AGENTE: Sí, señorita. Ah, perdón, señora. Bueno, primero, ¿quieren ustedes viajar en carro, o prefieren ustedes ir de excursión? Claro que para ir a Tikal, es mejor hacer una excursión en avión, pero ni Antigua ni el Lago Atitlán está lejos, y muchos turistas que van en carro también pasan por Chichicastenango.

SRA. SALINAS: Mmm. Voy a hablar con mi esposo antes de tomar una decisión. Si usted puede enseñarme unos folletos, regreso mañana para hacer las reservaciones.

AGENTE: Sí, señorita. Aquí tiene usted unos folletos, los horarios, y mi tarjeta. Y muchas gracias, señorita, por la oportunidad de servirle. Guatemala es un país bonito e histórico. Ustedes van a divertirse mucho.

SRA. SALINAS: Bien. Hasta mañana, señor.

AGENTE: Hasta luego, señorita.

Why does the travel agent keep calling her "Miss"?

A. He's not paying much attention to what she says. (Turn to p. 155.)

B. If her husband were along, he would call her *señora*. (Turn to p. 114.)

C. Actually, calling her *señorita* is a compliment. (Turn to p. 151.)

D. He's being rude because she's an assertive American woman. (Turn to p. 115.)

10 Mi cachorro

En Oregon, una estudiante de intercambio de España habla del nuevo perro de la familia.

JULIE: Mira el cachorro nuevo, Gloria. ¿Qué nombre le pongo? Voy a darle un nombre español.

GLORIA: Mi perro en España se llama Cazán porque mi papá lo lleva cuando va de caza en las montañas.

JULIE: Pues, nadie caza en mi familia. Mira, parece como si llevara gafas en los ojos. Voy a ponerle el nombre de Profesor, y podemos llamarle Profe.

GLORIA: A mí no me gusta nada ese nombre. No me suena bien.

JULIE: Entonces, ¿qué te parece Jorge el Curioso? Tenemos un libro aquí con ese nombre, y este cachorro es muy curioso. Quiere investigar todo.

GLORIA: ¡Ay, no, Julita! Mi hermano se llama Jorge.

JULIE: Yo sé. ¿Por qué no le llamamos Payaso? Mira como juega con su rabo.

GLORIA: Muy bien. Es un buen nombre.

JULIE: Ven, Payaso, ven. Oh, se cayó. Pobre Payasito. Es muy simpático, ¿no?

GLORIA: Pues, claro que es divertido mirar los animales pequeños.

JULIE: Sí, es pequeño menos sus pies. ¡Sus pies son muy grandes! Por eso, se cae otra vez.

GLORIA: No, no son sus pies, Julita. Son sus patas. Sus patas son grandes.

JULIE: ¿Sus patas? Oh, sí, sus pies son sus patas. Entiendo. Y sus oídos son grandes también. ¿Son sus oídos?

GLORIA: Pues, éstas son sus orejas. Y sí, son grandes.

JULIE: Ay, Gloria, mira como me quiere. Ahora quiere subir a mi regazo. Es un buen ejemplo de *puppy-love*, como mi hermanito y la chica que viene a estudiar con él.

GLORIA: Pues, no tenemos esta expresión en español. Decimos "primer amor", nada más. Pero, el cachorro casi no te conoce todavía. Creo que tiene hambre y quiere algo de comer.

JULIE: ¡Ay de mí! Tengo mucho que aprender.

What doesn't Julie know about animals?

A. How to tell if they are sick, how to take care of them, and when to feed them, etc. (Turn to p. 126.)

B. She hasn't learned that Hispanics don't like animals very much. (Turn to p. 120.)

C. She doesn't know the vocabulary necessary to talk about animals. (Turn to p. 150.)

D. She doesn't realize that Hispanics consider animals differently than we do. (Turn to p. 111.)

11 El regalo

Una chica de Idaho celebra su cumpleaños en Puebla, México.

MARIANA: Feliz cumpleaños, Kristin. Aquí tienes un regalito de México para ti.

KRISTIN: ¡Qué amable! Muchas gracias, Mariana.

RAQUEL: Ábrelo, Kristin. Mariana siempre trae muy buenos regalos.

KRISTIN: Muy bien. Me gustan los regalos.

MARIANA: Pues, no es nada. Es un recuerdo, nada más.

KRISTIN: Mira, es una caja pequeña. Muchas gracias, Mariana.

MARIANA: De nada, Kristin.

RAQUEL: Ay, Mariana, ¡qué regalo tan bonito! Mira los pequeñitos detalles. La capa parece una concha. ¡Qué delicada! ¿Dónde la compraste?

MARIANA: En una tienda en la Avenida Cinco de mayo. Tiene muchas figuritas de ónix.

KRISTIN: Mmm. ¿Qué puedo guardar adentro? Es muy pequeña.

RAQUEL: Estampillas o aretes, ¡o un anillo!

KRISTIN: Pues, vamos a escuchar mi disco nuevo.

(Más tarde)

MARIANA: Creo que a Kristin no le gusta mucho mi regalo.

RAQUEL: Tienes razón, Mariana, pero no sé por qué. La cajita es preciosa.

MARIANA: Posiblemente ya tiene una.

RAQUEL: Lo dudo. Creo que no tienen muchas cosas de ónix en los Estados Unidos.

MARIANA: Pues, algunas veces los norteamericanos son muy extraños.

Why doesn't Kristin like Mariana's gift?

A. She thinks it's too small. (Turn to p. 121.)

B. She doesn't have anything to keep in it. (Turn to p. 156.)

C. She doesn't like onyx. (Turn to p. 154.)

D. She already has one. (Turn to p. 148.)

12 Malas notas, malas noticias

Un estudiante de intercambio de Arizona acaba de sufrir los exámenes de su escuela en Chile.

GABRIELA: Oye, Carlitos. Hola, ¿cómo estás?

CHUCK: Después de todos los exámenes de esta semana, estoy agotado. Además, como son mis primeros exámenes aquí en Chile, estoy bastante preocupado por las notas.

GABRIELA: No te preocupes, Carlitos. Eres un estudiante muy bueno.

CHUCK: Pues, de todos modos, me alegro mucho de que se terminen las clases de este semestre.

GABRIELA: Yo también. ¡Y ahora tenemos tres semanas de vacaciones! ¿Qué vas a hacer, Carlitos?

CHUCK: Primero, voy a dormir toda la primera semana. Pero, en serio, mi familia aquí en Chile me lleva a Portillo para esquiar.

GABRIELA: ¡Qué suerte tienes! Vas a divertirte mucho. Vives con la familia Allende, ¿verdad?

CHUCK: Sí, ellos son muy amables conmigo.

GABRIELA: Bueno, están pegando los resultados de los exámenes. Mmm, un nueve. ¡Qué alivio! Es una nota buena.

CHUCK: ¡Seis! ¿Qué es esto? Si el diez es una A, entonces el seis es una D. ¡Dios mío!

GABRIELA: ¿Seis? Me impresiona. La literatura es difícil, especialmente cuando es en otro idioma. Yo no podría sacar esa nota en una clase de literatura en inglés.

CHUCK: ¿O es un seis el sesenta por ciento? En algunas escuelas el sesenta es una D, pero en mi escuela en Arizona es una F. ¡Estoy muerto!

GABRIELA: No, Carlitos, no te preocupes. No está mal. Mira, Leonardo tiene un seis también, y Marta Ruiz tiene un cinco.

CHUCK: Sabes, en vez de descansar durante las vacaciones, voy a estudiar. ¡Tengo que mejorar mucho mi español! Quiero salir bien durante mi año aquí para poder graduarme con mi clase el año que viene. ¡Seis! No lo creo.

Why is Chuck upset about his grade?

A. He normally gets an A in English. (Turn to p. 143.)

B. With this grade on his exam, he isn't going to pass the course. (Turn to p. 144.)

C. He doesn't know the grading scale. (Turn to p. 130.)

D. His family said that if he didn't get at least a B, he couldn't go skiing during vacation. (Turn to p. 127.)

13 Escuelas por todas partes

Una turista joven de Wyoming habla con tres muchachas mexicanas en Acapulco.

CARRIE: ¿Por qué están ustedes tan tristes? Yo tengo que regresar a la escuela la próxima semana, y ustedes todavía pueden ir a la playa todos los días.

GRACIELA: Empiezan las clases la semana que viene aquí también.

LUISA: Sí, me gusta mi escuela, pero el trabajo es bastante difícil.

CARRIE: ¿A qué escuela van ustedes?

LUISA: Yo asisto a la Academia Comercial Pacífico.

GRACIELA: Y yo al Instituto México.

CARMELA: Yo estudio en la prepa Colegio América.

CARRIE: ¿No viven ustedes en el mismo vecindario?

GRACIELA: Sí, vivimos bastante cerca. Carmela es mi vecina y Luisa vive a una cuadra más o menos.

CARRIE: ¿Por qué van a diferentes escuelas?

LUISA: Pues, yo estudio para secretaria ejecutiva y Graciela quiere ser maestra de educación física.

GRACIELA: También estudio baile.

CARMELA: Y yo me preparo para ir a la universidad. Probablemente voy a estudiar medicina.

CARRIE: Pues, ¿no tiene estas clases la escuela del vecindario?

GRACIELA: ¿La escuela del vecindario?

CARRIE: Sí. ¿No hay escuelas públicas aquí?

GRACIELA: Pues sí hay, pero solamente tienen la primaria y la secundaria. Pero sí hay escuelas que tienen estas clases que no están lejos.

Why don't these Mexican students go to the same school?

A. They live in different districts because the boundary lines run right through their neighborhood. (Turn to p. 154.)

B. Their neighborhood doesn't have a school so they have to go elsewhere. (Turn to p. 158.)

C. Because of busing, they have been assigned to schools elsewhere. (Turn to p. 132.)

D. There are no comprehensive high schools, so students have to find a school that has the classes they need. (Turn to p. 110.)

14 El colegio

Un turista joven en Acapulco, México, conoce a dos muchachos mexicanos.

MIKE: Perdón. ¿Pueden ustedes decirme dónde está el Cici?

PEDRO: ¿El parque de agua?

FELIPE: ¿El centro internacional de niños?

MIKE: Sí.

PEDRO: Siga por la costera un poco más en esta dirección. Está a dos o tres cuadras, nada más. No puede perderse.

FELIPE: ¿De dónde es usted?

MIKE: Soy de Wyoming. Estoy aquí de vacaciones con mis padres y mi hermana Carrie.

FELIPE: Yo soy Felipe Galván, y éste es mi amigo Pedro Castañeda.

MIKE: Mucho gusto. Me llamo Michael Black, pero todos me llaman Mike.

FELIPE: ¿Cuánto tiempo vas a estar aquí en Acapulco?

MIKE: Sólo tres días más. Mi papá no quiere que perdamos más de una semana de clases.

PEDRO: ¿Qué estudias?

MIKE: Pues, estoy en mi último año de la escuela secundaria, pero el año que viene, voy a estudiar negocios en el colegio. ¿Ustedes van a la escuela secundaria?

PEDRO: No, ya terminamos.

MIKE: Entonces, ustedes ya van al colegio. Pero, ¿cuántos años tienen? Ustedes son bastante jóvenes.

PEDRO: Felipe tiene diécisiete años y yo tengo dieciocho. Nuestra escuela se llama el Colegio América, pero éste es mi último año allí. Me gradúo en junio.

MIKE: ¡Qué inteligente eres!

Why is Pedro in his last year of college at age 18?

A. It's not a college; it's a high school. (Turn to p. 138.)

B. He is very intelligent. (Turn to p. 159.)

C. College is easier in Mexico so students finish faster. (Turn to p. 146.)

D. He's older than he looks. (Turn to p. 156.)

15 El club

Un estudiante de Utah está en la escuela en Quito, Ecuador.

MIGUEL: ¿Cómo te va? ¿Estás sobreviviendo tu primera semana?

KEITH: Es un poco difícil con el horario diferente, y tengo unas clases que no llevaba en Utah, pero sí, creo que me estoy acostumbrando.

MIGUEL: Me alegro. ¿Quién es tu profesor favorito?

KEITH: El señor Echeverría. Me gustan las ciencias y él las hace muy interesantes. ¿Hay un club de ciencias aquí?

MIGUEL: Pues, la sociedad Humboldt se dedica a las ciencias, pero no sé dónde están sus oficinas.

KEITH: Pues, ¿qué otras actividades tiene la escuela? ¿Hay un club de español?

MIGUEL: No, no hay.

KEITH: Por supuesto. Aquí sería un club de inglés, ¿verdad? Además, juego bastante bien al béisbol. ¿Sería posible jugar con el equipo?

MIGUEL: No, pero después de clases, vamos al Club Cotopaxi. Está cerca de la casa de mis tíos. Tienen un equipo de béisbol muy bueno. Mis tíos son socios allí, así que no debe haber ningún problema.

KEITH: Sé jugar al fútbol también. ¿Hay partidos en esta temporada?

MIGUEL: El Club San Marcos tiene un buen equipo de fútbol, y muchos estudiantes de esta escuela juegan en él. Creo que hay un partido el domingo.

KEITH: ¿No es posible participar en algún deporte aquí en la escuela?

MIGUEL: Es que no hay. Ésta es una prepa muy académica. Pero el Club Cotopaxi tiene muchos deportes—el tenis, la natación, el basquetbol, el alpinismo, el fútbol, el esquí...

KEITH: ¿El esquí? ¿En Ecuador?

MIGUEL: Claro, en la montaña Cotopaxi. Por eso el club tiene ese nombre.

KEITH: Bien, voy al club, pero por lo menos me gustaría asistir a algunos partidos de la escuela, aunque sean intramuros.

MIGUEL: De veras, no hay. Pero si quieres ver el fútbol, vamos al estadio esta noche. Hay un buen partido allí entre el Club Pacífico de Guayaquil y el Club Bolívar de aquí en Quito.

Why doesn't Miguel want Keith to participate in school activities?

A. The teams at this school are not very good because the school attracts scholars, not athletes. (Turn to p. 153.)

B. In general, schools don't have extracurricular activities. (Turn to p. 137.)

C. Only regularly enrolled students are allowed to participate in sports. (Turn to p. 138.)

D. This is a public school and the good students generally don't participate in activities because most are not very good. (Turn to p. 158.)

16 Las mañanitas

Un estudiante de Alaska participa en muchas actividades en San Miguel de Allende, México.

VICENTE: ¿Tocas algún instumento musical?

RAY: Pues sí, toco la trompeta.

VICENTE: Perfecto. Raúl, mi hermano mayor que está en la universidad, la toca también. Creo que su trompeta todavía está en casa.

RAY: ¿Por qué? Esta escuela no tiene banda, ¿verdad?

VICENTE: Vamos a tener un mariachi. Julián y yo tocamos la guitarra y Pepe el violín.

RAY: ¿Qué es un mariachi?

VICENTE: Es un conjunto mexicano. No tenemos un guitarrón, pero con las guitarras, el violín y una trompeta, vamos a salir muy bien.

RAY: ¿Por qué formamos un grupo?

VICENTE: Vamos a la casa de Ana María mañana para tocar.

RAY: Si son canciones mexicanas, no sé la música.

VICENTE: Bueno, vamos a casa para practicar.

RAY: Pero sólo tengo hoy y mañana para aprender las canciones. No puedo.

VICENTE: Solamente tienes hoy para practicar. Vamos a su casa a las cinco de la mañana. Pero la única canción mexicana que vamos a tocar es "Las mañanitas." ¿Qué canciones sabes en inglés?

RAY: ¿Por qué vamos a las cinco de la mañana? Ana María va a estar muy enojada si la despertamos tan temprano. Mañana es sábado.

VICENTE: No, al contrario. Va a estar enojada si no vamos.

RAY: No entiendo. ¿No quiere levantarse tarde los sábados?

VICENTE: Mañana no. ¡Vámonos! ¡A practicar! ¿Qué podemos tocar además de "Las mañanitas"?

What's going on at five o'clock in the morning?

A. This is a common type of practical joke. (Turn to p. 146.)

B. They are going to serenade her for her birthday. (Turn to p. 136.)

C. She is getting married on Sunday, and the bachelor's party is this evening. (Turn to p. 112.)

D. Tomorrow is a holiday and the parade forms near Ana María's house. (Turn to p. 142.)

17 ¿Qué llevas hoy?

Es el primer día de clases en Costa Rica para una estudiante de South Dakota.

MAMÁ: Es hora de acostarse, jóvenes. Mañana hay clases.

TERESA: Sí, mamá. Pero sólo son las diez y pico.

MAMÁ: ¿Está listo tu uniforme?

TERESA: Sí, mamá.

JENNIFER: ¿Cómo se llama la escuela?

TERESA: Academia Alajuela. Es una escuela muy buena.

JENNIFER: ¿Academia? Es una escuela religiosa, ¿verdad?

TERESA: No, gracias a Dios que tengamos buenas escuelas públicas aquí. Es difícil pero creo que te va a gustar. Los profesores son excelentes.

JENNIFER: ¿A qué hora tenemos que levantarnos en la mañana?

TERESA: A las siete, más o menos. Salimos a las ocho.

JENNIFER: Voy a levantarme un poco más temprano. Quiero lavarme el pelo.

TERESA: Muy bien. Me gusta tu pelo porque es corto. Es más fácil cuidarlo.

(En la mañana)

MAMÁ: Jennifer, el desayuno está listo. ¿Quieres desayunarte?

JENNIFER: Sí, gracias. Permítame cinco minutos más, por favor. Sólo tengo que peinarme.

TERESA: Y yo quiero terminar de maquillarme.

MAMÁ: Bien, pero apúrense, niñas. Cinco minutos, nada más.

JENNIFER: ¿Qué te pones?

TERESA: Mi uniforme, por supuesto.

JENNIFER: ¿Llevas uniforme a la escuela?

TERESA: Sí, pero como estudiante de intercambio, tú puedes llevar lo que quieras. Pues, claro que no puedes ponerte pantalones, pero cualquier blusa y falda que tengas están bien.

Why is Teresa going to wear a uniform to school?

A. It's a parochial school. (Turn to p. 120.)

B. She's going to work after school. (Turn to p. 145.)

C. Everyone wears a uniform. (Turn to p. 128.)

D. It's her cheerleader's uniform. (Turn to p. 139.)

18 La niñera

Un domingo en Guadalajara, México, una joven de Massachusetts habla de una cena especial.

CAROL: Isabelita se divierte mucho con la casa de muñecas.

BIBIANA: Y Ramoncito está ocupado con sus cubos y no la molesta ahora.

CAROL: Son niños muy buenos. Es fácil cuidarlos.

BIBIANA: Generalmente, sí. Bueno, aquí viene papá. ¿Qué pasa, papá?

PAPÁ: Oigan, muchachas, vamos a salir esta noche para celebrar el cumpleaños de la abuelita.

BIBIANA: ¡Qué bueno! Me gusta salir con toda la familia

CAROL: ¿Vamos nosotras?

PAPÁ: Por supuesto.

CAROL: ¡Qué suerte! Siempre me gusta hablar con abuelita. ¿Cuántos años tiene ella?

PAPÁ: Sesenta y cuatro.

BIBIANA: ¿Adónde vamos, papá?

PAPÁ: Al restaurante Río Viejo.

BIBIANA: Fantástico. Siempre me encanta comer allí. ¡Ya tengo hambre!

CAROL: Muy bien. Ese restaurante tiene muy buenas especialidades mexicanas, ¿verdad?

BIBIANA: Claro que sí. Muchas gracias, papá. ¿A qué hora salimos?

PAPÁ: A las ocho y media o las nueve. ¿Pueden ustedes estar listas para entonces?

BIBIANA: Claro que sí, papá.

CAROL: ¿Quién va a cuidar a los niños? Fernanda no trabaja hoy.

BIBIANA: Bueno, supongo que yo debo ayudar a mamá con ellos.

PAPÁ: Sí, Bibiana. Y busca a tu hermano. Él puede ayudar también.

CAROL: Tú vas al restaurante, ¿no?

BIBIANA: Claro. Pero tengo bastante tiempo para vestir a los niños también.

CAROL: Pero, ¿quién los cuida mientras estemos en el restaurante?

BIBIANA: Probablemente tú y yo.

CAROL: Pero vamos al restaurante.

Who is going to babysit?

A. Carol and Bibiana will probably have to stay home and babysit instead of going out. (Turn to p. 128.)

B. Fernanda, their regular babysitter, will come. (Turn to p. 142.)

C. Bibiana's brother will stay home and babysit. (Turn to p. 115.)

D. The younger children will go with them to the restaurant. (Turn to p. 152.)

19 Somos doce

El mismo domingo un poco más tarde en Guadalajara.

CAROL: Quiero darle un regalito de cumpleaños a tu abuela.

BIBIANA: Es un detalle muy bonito, Carol, pero no es necesario.

CAROL: Es que tengo estos pañuelos bonitos que traje para regalos en ocasiones como ésta.

BIBIANA: Entonces, es una idea muy buena. Estoy segura que a mi abuelita le encantarán.

CAROL: Entonces estoy lista.

BIBIANA: No sé si sería mejor mi vestido rojo o mi vestido amarillo.

CAROL: Casi son las nueve, Bibiana.

BIBIANA: Casi estoy lista también. ¿Te gusta mi pelo así?

CAROL: Vamos a llegar tarde al restaurante.

BIBIANA: Pues, no hay problema. Los abuelitos nos esperan. ¿Qué te parece este collar?

CAROL: Es que con los abuelitos somos nueve.

BIBIANA: Probablemente somos once o doce. Creo que mis tíos van también y posiblemente doña Beatriz, la buena amiga de abuelita.

CAROL: ¿Once o doce? Entonces, definitivamente debemos llegar a tiempo.

BIBIANA: No, no importa a qué hora lleguemos. No tendremos que esperar mucho. Es un buen restaurante. Ay, ¿dónde están mis zapatos negros?

CAROL: Pero, necesitamos una mesa muy grande. ¿Para qué hora son las reservaciones?

BIBIANA: ¿Reservaciones? ¿Para qué?

CAROL: ¿No tenemos reservaciones?

BIBIANA: Pues, ¿qué importa si esperamos unos minutos?

CAROL: ¡¡¿Esperar unos minutos?!! ¿Con un grupo de doce? Va a ser difícil encontrar una mesa.

BIBIANA: No, de veras no hay problema. Vamos bastante a ese restaurante. Bueno, estoy lista. Vamos a ayudar a mamá con los niños.

Why doesn't it matter when they arrive at the restaurant?

A. Groups with elderly people are seated first. (Turn to p. 140.)

B. Most restaurants have many large tables for families. (Turn to p. 121.)

C. The people who own the restaurant are friends of the family. (Turn to p. 116.)

D. Families with little children are seated first. (Turn to p. 147.)

20 Reina

La familia López llega al restaurante.

CAMARERO: ¿Cuántos son ustedes, señor López?

PAPÁ: Somos nueve, más dos niños y una bebita.

CAMARERO: Muy bien, señor López. Un momentito.

BIBIANA: Oye, reina, quédate aquí con nosotros.

PAPÁ: Sí, espérate, niña. Vamos a entrar prontito.

MAMÁ: ¿Dónde está Ramoncito?

CAROL: Está aquí conmigo.

PAPÁ: Vente, Isabel. Vente con tu papá. Allí está nuestra mesa, cerca de las ventanas.

LA NIÑA: Quiero sentarme con Ramón.

MAMÁ: Sí, m'ija, tú te sientas allí y Ramoncito está en esa silla al lado.

PAPÁ: Ven, gordito. Siéntate allí al lado de tu hermana.

MAMÁ: ¿Qué te pasa, precioso? ¿Por qué lloras?

EL NIÑO: ¡Mamá!

MAMÁ: Está bien, chiquillo. Mira, Chabelita se sienta a un ladito, yo me siento al otro, y tu abuelita está enfrente.

CAROL: ¿Y la nena?

MAMÁ: Está durmiendo en su cochecito, ¿verdad? Por favorcito, Carol, déjala en aquella silla entre Bibiana y doña Beatriz.

PAPÁ: ¿Todos estamos sentados? Muy bien. Tengo hambre.

CAMARERO: ¿Sí, señor?

PAPÁ: Tráiganos un plato de taquitos ahorita, por favor. Los niños tienen hambre.

What are the children's nicknames?

A. Reina, precioso, m'ija, chiquillo, gordito (Turn to p. 112.)

B. Isabel y Ramón (Turn to p. 153.)

C. Ramoncito y Chabelita (Turn to p. 123.)

D. López y Rivera (Turn to p. 155.)

21 Pido la pizza

Un estudiante de Kentucky está en un restaurante en Valencia, España.

ISIDRO: Tengo mucha hambre. Por fortuna, este restaurante tiene muy buena comida.

TOM: Tengo hambre también, pero no entiendo este menú. No hay ningunas hamburguesas, no hay ningunos tacos, no hay ningún rosbif...

ISIDRO: Es porque el restaurante se especializa en la comida española. No tiene nada de comidas norteamericanas, ni de los Estados Unidos ni de México.

TOM: ¿Qué es caldo? ¿Qué es gazpacho?

ISIDRO: Pues, el caldo es una sopa clara. El gazpacho también es una sopa. Está preparada a base de tomate, y tiene legumbres. La sirven fría. Siempre es buena aquí.

TOM: ¿Qué son las gambas? ¡Ay, no entiendo nada!

ISIDRO: La gamba es un camarón gigante. Hay muchos mariscos en España, probablemente porque tenemos tanta costa.

TOM: Mira a la gente en esa mesa. Tienen pizza. Mmm. Yo voy a pedir la pizza.

ISIDRO: No, no es pizza. Es paella.

TOM: Bien, paella. Me gusta mucho.

ISIDRO: No, es diferente. Tiene salchicha ...

TOM: Sí, quiero una paella con salchicha.

ISIDRO: ... y camarones y ...

TOM: Mmm. Qué buena idea. Camarones y salchicha. Está bien.

ISIDRO: ... tiene tomates y arroz...

TOM: ¿Arroz? Ah, por eso es diferente. Nunca comí arroz en la pizza. Pero, a mí me gusta la comida un poco diferente. Eso es lo que quiero.

ISIDRO: Pues, sí, es muy sabrosa, pero no esperes la pizza.

TOM: Pizza, paella, ¿qué importa? ¡Tengo hambre!

What's *paella*?

A. The word for Spanish-style pizza. (Turn to p. 145.)

B. A famous Spanish seafood recipe from Valencia. (Turn to p. 133.)

C. A soup similar to our vegetable beef soup. (Turn to p. 141.)

D. Today's special selection, so it's different every day. (Turn to p. 149.)

22 ¡Cuánta comida!

Una estudiante de intercambio de Michigan habla con la cocinera de su familia en Matehuala, México.

PEGGY: Mira cuántos platos. Voy a subir mucho de peso aquí este año.

DOLORES: Pues, hay que comer bien, chica.

PEGGY: ¿Qué comemos hoy?

DOLORES: Una sopa de zanahorias, la sopa seca, una ensalada de lechuga y tomate, chuletas, legumbres, pan ...

PEGGY: ¿Y de postre?

DOLORES: Ah, sí. Flan.

PEGGY: ¿Qué es eso?

DOLORES: Es como un pudín de leche. Mira. Está en el refrigerador.

PEGGY: Mmm. Parece delicioso. ¿Cuáles son las legumbres de hoy?

DOLORES: Una mezcla de guisantes, tomates y champiñones.

PEGGY: Mmm. ¿Qué es eso en esa sopera?

DOLORES: La sopa seca, claro. También está muy sabrosa hoy.

PEGGY: ¿Qué es sopa seca?

DOLORES: Espaguetis con queso. ¿Te gusta?

PEGGY: Me gusta toda la comida italiana. Pero, ¿va a ponerlos en una sopa?

DOLORES: Eso es lo que es, la sopa seca.

PEGGY: Entonces, ¿cuándo vamos a tomar la sopa de zanahorias?

DOLORES: Dentro de cinco minutos.

PEGGY: Oh, podemos escoger la sopa que nos guste más. Buena idea.

DOLORES: No, se toma primero la sopa de zanahorias y luego la sopa seca.

PEGGY: No entiendo. ¿Dos sopas?

What's *sopa seca*?

A. Pasta (Turn to p. 117.)

B. Canned soup (Turn to p. 148.)

C. Dehydrated soup (Turn to p. 142.)

D. Leftovers (Turn to p. 150.)

23 Enchiladas verdes

Un joven de Washington y su amigo tienen que hacer varios encargos hoy en la Ciudad de México.

ARTURO: Tenemos los discos de la tienda de computadoras y los boletos para el Ballet Folklórico. ¿Qué más tenemos que hacer?

BILL: Según la lista, tenemos que pasar por los lentes de tu abuela. ¿Dónde está esa tienda?

ARTURO: Cerca del zócalo, pero, ¿quieres comer antes de ir allí?

BILL: Buena idea. Tengo hambre. ¿Hay un buen restaurante cerca de aquí donde podamos comer pronto?

ARTURO: ¡Muchos! Allí hay uno. Tacos Beatriz es un restaurante mexicano muy típico, y la comida es excelente.

BILL: Muy bien. Me gusta la comida mexicana. El verano pasado trabajé en Taco Bell.

ARTURO: La comida aquí en México es un poco diferente. No hay tantas verduras con la comida, y las tortillas son naturales, pero hay sándwiches también, si quieres.

BILL: Gracias, pero prefiero probar las enchiladas verdes con frijoles y guacamole.

ARTURO: ¿Enchiladas verdes? Generalmente, a los norteamericanos no les gustan.

BILL: A mí sí. También me gustan los tacos, los burritos, los tamales ...

ARTURO: Entonces, yo pido el plato de enchiladas también.

(Un poco más tarde)

ARTURO: Mmm. ¡Las enchiladas están muy sabrosas!

BILL: Ay, ¡están muy calientes!

ARTURO: Espera dos o tres minutos. Puedes comer el guacamole mientras esperas.

BILL: No es eso. Están muy calientes. Deben servir más agua.

ARTURO: ¿Te quemas la boca?

BILL: ¡Ay de mí! ¡No puedo comer estas enchiladas!

Why doesn't Bill want to eat the enchiladas?

A. They weren't served with lettuce and tomatoes. (Turn to p. 119.)

B. They're in a hurry, and since the enchiladas are so hot, it will take too long for them to cool down. (Turn to p. 152.)

C. They taste spoiled. (Turn to p. 143.)

D. They have too many chilies and are too spicy. (Turn to p. 122.)

24 Voy al mercado

En Lima, a la chica de Indiana le gusta mucho la comida peruana.

El martes:

SRA. ROBLES: ¿Qué quieres comer hoy, Marilú?

MARY LOU: No me importa, señora. Me gusta toda la comida aquí. ¡De veras!

SRA. ROBLES: Pues, ¿qué tal los anticuchos? Es una especialidad de Perú.

MARY LOU: ¿Anticuchos?

NATALIA: Sí, es carne marinada y la preparamos a la parrilla. Es deliciosa.

MARY LOU: Muy bien. Otra comida nueva, los anti- ah, anti- ...

SRA. ROBLES: Anticuchos. Pues me voy al mercado. Y además de las legumbres voy a comprar unos pasteles y ...

MARY LOU: ¿No fue usted al mercado ayer?

SRA. ROBLES: Por supuesto. Ayer compré el puerco y hoy necesito la carne. Y las legumbres. Hasta luego, muchachas.

El miércoles:

MARY LOU: Natalia, ¿dónde está mamá? Quiero enseñarle esta receta que me mandó mi abuela.

NATALIA: ¿No está en la cocina? ¿O en su dormitorio?

MARY LOU: Creo que no. Y no está en el patio.

NATALIA: Probablemente está en el mercado entonces.

MARY LOU: ¿Qué vamos a comer hoy?

NATALIA: Hamburguesas americanas y papas fritas. Lo siento, Marilú, pero estoy cansada de la comida peruana.

MARY LOU: Está bien. Claro que me gusta la comida norteamericana también.

El jueves:

SRA. ROBLES: Marilú, estoy pensando en preparar una ternera para esta noche.

MARY LOU: Me gusta la ternera.

NATALIA: Sabía que ibas a decir eso.

SRA. ROBLES: Muy bien. Ternera, más frutas, fideos ... ¿Qué más necesito comprar hoy?

MARY LOU: ¿Va al mercado otra vez?

SRA. ROBLES: No, ésta es la primera vez hoy. Pero si necesitamos algo más, puedo ir más tarde.

Why does Mrs. Robles go to the market every day?

A. She wants to talk to her friends. (Turn to p. 109.)

B. She likes to plan meals a day at a time. (Turn to p. 111.)

C. She's forgetful so she has to keep going back. (Turn to p. 153.)

D. She doesn't have a refrigerator, so she has to shop every day. (Turn to p. 125.)

25 La cena

Una chica de España llega a la casa de los Jackson en Madison, Wisconsin.

DENISE: ¿Qué tal el viaje?

AMALIA: Bien, hasta llegar en Chicago. Hacía muy mal tiempo allí y salimos tarde. Por eso llegamos a Madison tan tarde.

DENISE: Es difícil viajar tanta distancia. Siempre hay problemas.

SRA. JACKSON: Amalia, Denise, es hora de cenar.

AMALIA: Muchas gracias por comer tarde. Tengo hambre.

DENISE: Pues, no es tarde. Todavía no son las seis.

AMALIA: Es que llegamos tan tarde del aeropuerto.

DENISE: No importa. No te molestes. Yo tengo hambre también.

(Un poco más tarde)

AMALIA: ¡Qué buena comida! ¡Comí mucho! Muchas gracias, señora.

SRA. JACKSON: De nada, Amalia.

DENISE: Y ya que terminamos, es hora de mirar la *Rueda de la fortuna* en la televisión.

SRA. JACKSON: Primero, es necesario quitar la mesa y lavar platos. ¿Y no me dijiste que tienes que estudiar un poco esta noche?

DENISE: Sí, mamá. Amalia y yo vamos a la biblioteca y se la voy a presentar a Sue y Andrea. Puedo estudiar un poco allí.

SRA. JACKSON: Lo espero, pero lo dudo.

(Un poco más tarde en la biblioteca)

AMALIA: ¿A qué hora cenan ustedes, Denise?

DENISE: Normalmente entre las cinco y las seis.

AMALIA: ¿La cena?

DENISE: Sí, aunque a veces cuando vamos a un restaurante comemos un poco más tarde.

AMALIA: ¿Vamos a un restaurante?

DENISE: Este fin de semana, te vamos a llevar a un buen restaurante.

AMALIA: Entonces, ¿vamos a cenar al llegar a casa?

DENISE: ¿A cenar? No, ya cenamos. Pero cuando no estoy a dieta, tomo un poco de helado antes de acostarme.

AMALIA: ¿El helado, nada más?

Why is Amalia so concerned about eating again?

A. She was tired from traveling and didn't eat very much at supper. (Turn to p. 156.)

B. Supper is eaten later in the evening in Spain. (Turn to p. 134.)

C. Americans eat too much and she doesn't want to overeat. (Turn to p. 135.)

D. Amalia is overweight and likes to eat a lot. (Turn to p. 119.)

26 Es hora de comer

Un estudiante de El Salvador acaba de llegar a Helena, Montana.

BEN: Ven, Enrique. Te enseño la casa.

ENRIQUE: Es una casa muy bonita.

BEN: Gracias, Enrique. Pues ésta es la sala familiar y aquí enfrente está la cocina.

ENRIQUE: Me gusta mucho. Es muy amplia y muy moderna.

BEN: Sí, la casa es bastante nueva. Pasa por este lado, Enrique.

ENRIQUE: Bien. Ay, ¡qué grande es este cuarto!

BEN: Pues, es la sala, y a la derecha el comedor. Por eso es grande.

ENRIQUE: ¡Qué ventanas tan grandes también!

BEN: En realidad, son puertas que dan al patio. Pasamos mucho tiempo afuera cuando hace buen tiempo.

ENRIQUE: ¿Qué es eso al lado del patio?

BEN: ¿Eso a la izquierda? Es una parrilla. Comemos en el patio en el verano. Pues, ven, vamos arriba.

(Un poco más tarde)

SRA. WHITE: ¿Dónde están ustedes? Es hora de comer.

BEN: Estamos en la sala, mamá.

SRA. WHITE: ¿Tienes hambre, Enrique?

ENRIQUE: Sí, tengo un poco de hambre.

SRA. WHITE: Entonces vamos a comer ahora mismo.

ENRIQUE: Gracias, señora. ¿Puedo ayudarle?

SRA. WHITE: No, no hay nada que hacer. En dos minutos voy a sacar la cacerola del horno y podemos comer.

ENRIQUE: Señora, ¿quiere que le ayude a poner la mesa?

SRA. WHITE:	No, gracias. Creo que casi todo está listo.
ENRIQUE:	¿La mesa está lista? ¿Vamos a comer en casa?
BEN:	Claro. Mmm. Qué olor tan rico, ¿verdad?
SRA. WHITE:	Pues, a comer. ¿Dónde están todos? ¡Daniel! ¡Laura! ¡Vengan!
ENRIQUE:	¿Dónde vamos a comer?

Why doesn't Enrique know where they're going to eat?

A. He didn't think there would be room for everyone in the kitchen. (Turn to p. 127.)

B. He thought all Americans had TV dinners in the living room. (Turn to p. 155.)

C. He expected to eat in the dining room. (Turn to p. 149.)

D. He figured they would eat on the patio. (Turn to p. 123.)

27 ¿Vamos a comer guisantes?

Una estudiante de Honduras llega a Wheeling, West Virginia, el doce de enero.

MECHE: Mira qué bonita está la nieve. Nunca la he visto caer. Me encanta.

JANE: Sí, pero es una molestia.

MECHE: Y hace muchísimo frío.

MAMÁ: ¿Tienes hambre, Meche?

MECHE: Un poco, pero vamos a comer pronto, ¿verdad?

MAMÁ: Sí, dentro de quince minutos.

JANE: ¿Qué vamos a comer, mamá?

MAMÁ: Rosbif, papas al horno, legumbres y ensalada de lechuga y tomate.

JANE: Yo pongo la mesa, mamá.

MAMÁ: Gracias, hija. Ahora, ¿qué más tengo que hacer? El rosbif y la ensalada están listos y las papas están en el microondas. Ahora preparo las legumbres. Meche, ¿qué legumbres quieres comer?

MECHE: No me importa. Me gustan todas las legumbres.

MAMÁ: ¿Guisantes? ¿Bróculi? ¿Zanahorias?

MECHE: Pues, me gustan mucho los guisantes, pero no hay, ¿verdad?

MAMÁ: Sí, hay. Juanita, sácame dos paquetes de guisantes del congelador, por favor.

JANE: Sí, mamá. Aquí los tienes.

MECHE: ¿Están congelados? ¡No lo creo! ¡Hasta los guisantes están congelados!

Why is Meche surprised about the frozen vegetables?

A. She was supposed to have taken them out of the freezer to thaw. (Turn to p. 123.)

B. She had never realized that vegetables would be frozen. (Turn to p. 125.)

C. She is surprised that there will be enough time to prepare the vegetables in time for supper. (Turn to p. 152.)

D. With roast beef, potatoes, and salad, she is surprised that they are also having vegetables. (Turn to p. 143.)

28 Es invierno, ¿sabes?

Marisa y su familia salen de Tuxtla Gutiérrez con Amy, una chica de Nebraska, para regresar a San Cristóbal de las Casas, en el sur de México.

SR. VEGA: Bienvenida a Chiapas, Amy. Ojalá que te diviertas mucho aquí.

AMY: Gracias por invitarme a visitarles este verano. Me encanta estar aquí en San Cristóbal.

SR. VEGA: Pues, no estamos en San Cristóbal, sino en Tuxtla Gutiérrez. San Cristóbal está a treinta kilómetros de aquí. Llegamos en menos de una hora.

(Un poco más tarde)

AMY: Uf, hace calor aquí.

SRA. VEGA: Voy a abrir la ventana un poco más, pero empezamos a subir ahorita.

AMY: Ay, estamos subiendo mucho.

SRA. VEGA: Sí, San Cristóbal tiene casi mil quinientos metros más de altura que Tuxtla Gutiérrez. Es que... ah, déjame pensar... Subimos más de cinco mil pies en media hora.

(Más tarde)

SRA VEGA: ¿Te sientes bien?

AMY: Sí, más o menos. Me duele un poco la cabeza, probablemente por el viaje.

SRA. VEGA: Puede ser la altura. Vas a acostumbrarte pronto. ¿Pero no te sientes mal del estómago? Hay muchas curvas, ¿verdad? Muchos turistas se sienten un poco mareados por el camino.

AMY: Tienes razón.

SRA. VEGA: Bueno, ya estamos bastante cerca. Vamos a estar en casa dentro de diez minutos.

(Al llegar a casa)

MARISA: ¿Quieres descansar un poco o prefieres ir al centro un rato? Hay muchas festividades esta semana.

AMY: Me gustaría mucho ir al centro. Me siento mucho mejor.

MARISA: Entonces, salimos ahora. Un momento, mientras voy arriba por mi abrigo. La temperatura va a bajar a diez esta noche.

AMY: ¿Llevamos abrigo?

MARISA: Claro. Hace frío en esta temporada. Es invierno, ¿sabes?

Why does Marisa say that it's wintertime?

A. She's teasing Amy because, although the daytime temperatures are high, it's a little cooler at night. (Turn to p. 133.)

B. The seasons are reversed south of the equator. (Turn to p. 139.)

C. Seasons do not correspond to the calendar near the equator, but rather to the weather, so in San Cristóbal it is wintertime. (Turn to p. 144.)

D. Guadalajara, Mexico, is called the city of eternal spring, and, because San Cristóbal is high in the mountains above the snow line, it is the city of eternal winter in Mexico. (Turn to p. 140.)

29 En San Cristóbal

Un poco más tarde en el coche, las jóvenes hablan de la fiesta que se va a hacer hoy en San Cristóbal de las Casas.

AMY: ¡Qué divertido pasar las vacaciones de verano con ustedes en San Cristóbal!

MARISA: Me alegro mucho de que estés aquí. Y qué bueno que llegues hoy.

AMY: ¿Por qué? ¿Es un día especial?

MARISA: Es el veinticuatro de julio, día de San Cristóbal. Esta noche hay música y bailes. Siempre es una fiesta muy animada.

AMY: A mí me gustan mucho las fiestas.

MARISA: Bueno, estamos acercándonos a San Cristóbal. Vamos a estar en casa dentro de diez minutos.

AMY: Mira a toda la gente caminando por la carretera. ¡Qué ropa tan diferente!

MARISA: Son los indígenas, Amy, y sí, su ropa llama mucho la atención.

AMY: Me gustan los sombreros de los hombres con todas las cintas de diferentes colores. ¡Qué interesante! ¿Todos se visten así en San Cristóbal?

MARISA: No, nada más los indígenas. Es porque hoy estamos celebrando las fiestas de San Cristóbal.

AMY: ¿Ellos van al baile?

MARISA: Pues, hay bailes folklóricos en que participan, sí. ¿Quieres ir a verlos?

AMY: Me gustaría mucho.

MARISA: Entonces, vamos a misa con mamá y abuelita. Después miramos las festividades allí.

AMY: ¿Vamos a la iglesia? ¿El martes?

MARISA: Claro. De veras es muy interesante.

What kind of a fiesta is this?

A. The church is having a fair to raise money for the parish. (Turn to p. 131.)

B. The town is celebrating its saint's day. (Turn to p. 127.)

C. It's similar to a masquerade ball. (Turn to p. 158.)

D. The Indians of the region are celebrating a traditional Mayan holiday. (Turn to p. 138.)

30 El domingo

Una joven de Virginia que está con la familia Castañeda en Oaxaca, México, hace sus planes para el domingo.

SARITA: Mamá, ¿por qué no vamos al campo a comer el domingo?

MAMÁ: Muy bien. ¿Adónde piensas ir?

SARITA: Pues, ¿por qué no paseamos por el camino hacia Mitla?

MAMÁ: Está bien. Ashley, te van a gustar mucho las ruinas de Mitla. Casi todos los edificios están cubiertos con diseños preciosos.

SARITA: Además, podemos pasar por el árbol gigantesco de Tule.

ASHLEY: Voy a esperar la excursión con mucha anticipación.

(El domingo)

PAPÁ: ¿Qué te pareció el árbol, Ashley?

ASHLEY: Fue muy impresionante. Es difícil creer que tiene más de dos mil años.

PAPÁ: En esta región tenemos suerte porque hay muchas antigüedades interesantes. Te va a gustar Mitla también.

MAMÁ: ¿Quiénes tienen hambre? ¿Buscamos un lugar para hacer nuestro picnic?

ASHLEY: Sí tengo hambre. ¿Hay un parque cerca de aquí?

PAPÁ: ¿Un parque? No sé, pero mira, allí enfrente a la izquierda hay un árbol grande con mucha sombra.

ASHLEY: Parece pequeño, después de ver el árbol Tule.

MAMÁ: Sí, pero la vista es preciosa. Raimundo, ¿no sería buena idea pararnos aquí?

ASHLEY: No veo ningún parque.

MAMÁ: No hay ningún parque por aquí, pero es buena idea. Sería muy buen lugar para un restaurante, ¿verdad?

PAPÁ: Me parece que sí. Entonces, nos paramos aquí para comer.

ASHLEY: ¿No hay mesas en que comer?

MAMÁ: ¿Mesas? No, pero tengo unas frazadas y un mantel viejo.

ASHLEY: No es necesario comer aquí. Puedo esperar hasta llegar a un parque.

MAMÁ: Pero este lugar es muy cómodo y ya es hora de comer.

SARITA: Sí, ¿por qué no nos sentamos al otro lado del árbol? Hay un poco de pasto y también unas florecitas. ¡Qué bonito es este sitio!

PAPÁ: Bien. Yo llevo la canasta grande. Sarita, trae el termo y Ashley, trae el radio.

SARITA: ¡Me encantan los picnics al aire libre!

Why doesn't the Castañeda family find a park with picnic tables for their picnic?

A. There are no parks for picnics in Mexico. (Turn to p. 134.)

B. It costs too much to go to a park. (Turn to p. 117.)

C. The parks are too crowded on Sunday. (Turn to p. 156.)

D. None of the parks have picnic tables anyway. (Turn to p. 161.)

31 La cuenta, por favor

Dos jóvenes cubanos de Florida están pasando su luna de miel en Cancún, México

SILVIA: ¡Qué comida tan buena! Me gustan mucho los camarones.

ALEJANDRO: Tienes razón, Silvia. Y esta carne asada a la tampiqueña está muy sabrosa.

SILVIA: Es un buen restaurante, Alejandro. La comida es excelente y los camareros son muy atentos. ¿Vamos a tomar un postre?

ALEJANDRO: Por supuesto.

(Más tarde)

SILVIA: Los pasteles también son muy buenos aquí. ¡Comí demasiado!

ALEJANDRO: Especialmente los pastelitos de chocolate. No puedo comer ni una miga más.

SILVIA: Ay, Alejandro, ¿me vas a querer cuando haya comido tanto que no me quede mi traje de baño?

ALEJANDRO: ¡Qué bromista! Pues, ¿dónde está el camarero? Todavía no tenemos la cuenta.

SILVIA: Todavía no. Probablemente está ocupado.

ALEJANDRO: Pues, ¿adónde vamos a comer mañana?

SILVIA: Dicen que el Chac Mool es bueno.

ALEJANDRO: Buena idea, y después de comer, podemos bailar en su discoteca.

SILVIA: ¡Fantástico! Ay, Alejandro, me divierto mucho aquí en Cancún. Primero unas bodas estupendas y ahora una luna de miel maravillosa.

ALEJANDRO: Es porque estamos juntos, querida.

SILVIA: ¡Qué romántico eres, Alejandro!

ALEJANDRO: Pues, ¿qué pasa con el camarero? Todavía no me trae la cuenta.

SILVIA: Nos sirve y entonces se olvida de nosotros.

ALEJANDRO: Allí está.

SILVIA: ¡No hace nada! Está hablando con otro camarero. ¿Por qué no trae la cuenta. Es ridículo que no nos la traiga. Puede ver que ya terminamos.

Why isn't the waiter bringing their check?

A. They haven't asked for it. (Turn to p. 144.)

B. He thinks they're going to order something else. (Turn to p. 147.)

C. The headwaiter is supposed to bring it. (Turn to p. 148.)

D. They haven't finished eating yet. (Turn to p. 159.)

32 La mesa al lado de la ventana

Los jóvenes de Mississippi están viendo los sitios históricos en Segovia, España.

JASON: La catedral es muy impresionante.

FERNANDO: Claro, pero espera hasta ver el Alcázar. Te va a gustar más.

JASON: ¿El Alcázar? ¿No está en Sevilla el Alcázar?

FERNANDO: Pues, un alcázar es una fortaleza o un castillo, y hay varios en España. A mí me gusta más el Alcázar aquí en Segovia porque tiene los tronos de los Reyes Católicos.

JASON: ¿Fernando e Isabel?

FERNANDO: Sí, tienes razón. Además es el castillo sobre el que está basado el castillo de Disneylandia.

JASON: ¿De veras? Entonces tengo muchas ganas de verlo. También sacaré fotos para mandarles a mis amigos.

FERNANDO: Muy bien. Seguramente te gustará mucho. Pero, casi son las dos. ¿Quisieras almorzar antes de ir al Alcázar?

JASON: Sí, buena idea. Tengo hambre después de tanto caminar.

FERNANDO: Este restaurante a la izquierda parece bueno. Mira. Hay mucha gente adentro. ¿Comemos aquí?

JASON: Bien, y mira, hay una mesa al lado de la ventana. Podremos ver a la gente que pasa.

FERNANDO: No, no podemos sentarnos aquí para almorzar. Allí en ese salón nos servirán.

JASON: Pero es tan formal. Solo quiero un sándwich y un refresco. Además, no hay una mesa allí ahora.

FERNANDO: Entonces tomamos refrescos aquí mientras esperamos una mesa en que sentarnos.

JASON: Posiblemente nos traerán unos bocadillos y así no perderemos tanto tiempo.

FERNANDO: Pues, quiero algo más que cacahuetes para comer. Además, no tenemos prisa. El Alcázar probablemente estará cerrado hasta las cuatro.

JASON: ¿No crees que podamos comer aquí en esta mesa?

FERNANDO: No, pero seguramente no tendremos que esperar mucho.

Why doesn't Fernando want to eat at the table by the window?

A. Since there is no tablecloth on the table, they can't eat there. (Turn to p. 122.)

B. Spaniards don't like to eat at window tables where everyone walking by can watch them. (Turn to p. 116.)

C. It's too early to eat. Lunch is normally eaten from two to four o'clock, so Fernando wants to wait a while. (Turn to p. 155.)

D. He wants to go to the other restaurant because the food is better there. (Turn to p. 157.)

33 La frontera

Una estudiante de Minnesota visita a sus primos en Laredo, Texas.

ANDREA: Si quieres, vamos a ir a la casa de mi amiga Lupita esta tarde.

MELANIE: Me gustaría mucho.

ANDREA: Por si acaso, Melanie, ¿llevas tu pasaporte?

MELANIE: ¿Mi pasaporte? Sí, está en mi bolsa. ¿Por qué?

ANDREA: Lupita vive en Nuevo Laredo al otro lado del río Grande, y por eso es necesario tener papeles. Vamos a cruzar la frontera.

MELANIE: ¡Fantástico! Quiero mucho ir a México mientras estoy aquí en Laredo.

ANDREA: Entonces, vámonos.

(Un poco más tarde)

ANDREA: Éste es el puente internacional. Mira, allí está Lupita, acercándose a nosotras.

MELANIE: ¿Dónde estamos? ¿En México o en los Estados Unidos?

ANDREA: Todavía en los Estados Unidos. Pero, mira, allí en el centro del puente está la placa que marca la frontera. La línea exacta pasa por el centro del río Grande.

MELANIE: Aquí estamos. ¡Qué divertido! Tengo un pie en los Estados Unidos y un pie en México.

ANDREA: Oye, Lupita. ¡Apúrate! Por favor, saca una foto de nosotras aquí en la frontera.

LUPITA: Hola, Andrea. ¿Cómo estás?

ANDREA: Muy bien. Lupita, ésta es mi prima Melanie. Ella es de Minnesota.

LUPITA: Mucho gusto, Melanie. Andrea me habla mucho de ti.

MELANIE: El gusto es mío. Estoy muy interesada en México. Gracias por invitarme a tu casa.

ANDREA: Primero, la cámara. Queremos unas fotos.

LUPITA: Bien. Sonrían. Excelente. Tengo una buena vista del río Bravo en la foto también.

MELANIE: ¿Hay dos ríos aquí?

LUPITA: No, es solo un río. Pero el río Bravo es bastante ancho aquí y no tiene mucha agua en esta temporada.

MELANIE: Pues, ¿dónde estamos ahora?

Why isn't Melanie sure where they are?

A. She's not sure if they are in the United States or in Mexico because they are on the bridge and the border actually runs through the middle of the river. (Turn to p. 118.)

B. There are two rivers and she's not sure which one this is. (Turn to p. 161.)

C. She's not sure because the river has two names. (Turn to p. 119.)

D. Since she's from Minnesota, she doesn't know the geography of Texas very well. (Turn to p. 114.)

34 Vamos a Puerto Rico

Dos jóvenes de Kansas hablan de un viaje a Puerto Rico.

TIM: Adivina adónde vamos de vacaciones este verano. ¡Puerto Rico!

RON: Fantástico. ¿Cómo es que tienes tanta suerte?

TIM: Mi papá tiene negocios allá y lleva a toda la familia.

RON: ¡Cómo te envidio! Vas a nadar y descansar en la playa y conocer a nuevas chicas ...

TIM: Hombre, ¿no recuerdas que voy a estar con mi familia?

RON: De todos modos, vas a divertirte.

TIM: Claro, y es buena oportunidad para practicar mi español.

RON: Puerto Rico es tropical, ¿verdad? Necesitas vacunas, inyecciones... eso no es tan bueno.

TIM: No, no necesito nada, ningunas vacunas, ningunas inyecciones, nada. No es necesario para ir a Puerto Rico.

RON: ¿Ni vacunas ni nada? Pero, ¿no es peligroso?

TIM: Claro que no. ¿Es necesario tener las vacunas para ir a la Florida?

RON: Eso es diferente. Pues, ¿cuándo sales?

TIM: En diez días, más o menos. El viernes de la próxima semana.

RON: ¿Tienes bastante tiempo para sacar un pasaporte?

TIM: No. Es decir, no necesito un pasaporte.

RON: ¿Has estado fuera del país antes?

TIM: Solamente en el Canadá, pero claro que para Puerto Rico no se necesita un pasaporte.

RON: Pues, entonces la visa.

TIM: Tampoco se necesita una visa. No voy a Europa. No voy a África. No voy a Rusia. Voy a Puerto Rico.

Why doesn't Tim need a passport or a visa?

A. The United States has the same agreement with Puerto Rico as it does with Canada. (Turn to p. 111.)

B. Puerto Rico is part of the United States. (Turn to p. 124.)

C. Minor children who accompany their parents don't need a passport. (Turn to p. 147.)

D. He does need a passport and a visa, but the travel agent will handle everything. (Turn to p. 160.)

35 ¿Dónde está el Focolare?

Unos jóvenes de Maryland están en la Ciudad de México y quieren comer.

JEFF: ¿Dónde vamos a comer esta noche?

TED: No quiero ir ni a McDonald's ni a Shirley's otra vez. ¿Por qué no comemos en un restaurante mexicano esta noche, un restaurante un poco elegante?

JEFF: Bien. Pero entonces, ¿por qué no llamamos a Leticia y a Marta para que vayan con nosotros?

TED: Buena idea.

(Un poco más tarde)

TED: ¿Quieren ir?

JEFF: Sí, vamos a encontrarnos con ellas en el restaurante. Y su hermano mayor y la novia de él van también.

TED: Por supuesto. ¿A qué restaurante vamos?

JEFF: Al Focolare en la Zona Rosa. Leticia dice que es un buen restaurante, que tiene comida típica y que también hay un programa de música y bailes de México. Pero no está segura de la calle.

TED: No importa. La Zona Rosa no es grande. Va a ser fácil encontrarlo.

(Más tarde)

TED: Señor, ¿puede usted decirnos dónde está el restaurante Focolare?

SEÑOR: Claro. Doblen ustedes a la izquierda en esa calle. El restaurante está a dos o tres cuadras.

(Un poco más tarde)

JEFF: Aquí estamos en la tercera cuadra pero todavía no veo nada del restaurante. Señora, ¿sabe usted dónde está el restaurante Focolare?

SEÑORA: Está en la calle Hamburgo. Sigan derecho derecho hasta la segunda calle. Creo que el restaurante está a la derecha en esa calle.

(Un poco más tarde)

TED: Vamos a llegar tarde. Esta es la segunda calle, pero no es Hamburgo. Y el restaurante no está aquí. Allí hay un policía. Señor, ¿dónde está el restaurante Focolare, por favor?

POLICÍA: Vayan ustedes por esta calle hasta Hamburgo. Es la próxima calle. Está a la izquierda, al lado izquierdo.

Why are Jeff and Ted having so much trouble finding the restaurant?

A. They don't follow directions. (Turn to p. 113.)

B. Mexicans don't give good directions. (Turn to p. 151.)

C. It is difficult to find places in the *Zona Rosa*. (Turn to p. 145.)

D. Mexicans want to be polite, and may give an answer even if they're not certain. (Turn to p. 129.)

36 No soy tu novia

Una estudiante de Pennsylvania está en Panamá.

PAQUITA: Mira, ahí viene Mario.

MEGAN: Apúrate. No quiero que me vea.

PAQUITA: ¿Por qué? Es un chico muy simpático.

MEGAN: No me gusta hablar con él. Es muy molestoso.

PAQUITA: ¿Mario? No lo creo.

MARIO: ¡Oye! ¡Paquita! ¡Megan! Espérenme.

MEGAN: Ay, nos ve. ¡Qué mala suerte!

PAQUITA: Hola, Mario. ¿Qué pasa? ¿Qué hay de nuevo?

MARIO: Traigo muy buenas noticias. Vengan y les compro un refresco mientras se las cuento.

MEGAN: Tenemos un poco de prisa ahora, Mario.

PAQUITA: Muy amable, Mario, la próxima vez. Pero cuéntanos ahora lo que pasa.

MARIO: Muy bien, chicas.

MEGAN: ¡Mario! ¡No soy tu novia!

MARIO: ¡Ojalá que fueras! Bueno, les digo mis noticias. Voy a ser estudiante de intercambio también. ¡Qué padre!, ¿verdad?

MEGAN: Muy bien, Mario. Me alegro. ¿Cuándo sales?

MARIO: El próximo agosto.

MEGAN: ¡Qué lástima que no puedas ir más pronto!

MARIO: Sí, es verdad. Pero, ¿sabes las buenas noticias?

MEGAN: Mario, cálmate. ¡Párate allí!

MARIO: ¿Sabes adónde voy a ir? A Wilmington, Delaware.

MEGAN:	¡Ay, no! No lo creo.
PAQUITA:	¿Por qué son buenas noticias?
MARIO:	Está muy cerca de Filadelfia, ¿no? Megan y yo podemos vernos allá en los Estados Unidos.
MEGAN:	Mario, ¿por qué eres tan insistente?
MARIO:	¡Soy muy feliz! Pues, hasta luego, chicas. Tengo que decirle a Roberto.
PAQUITA:	Hasta luego, Mario. Nos vemos pronto.
MEGAN:	Hasta más tarde. Mucho más tarde.
PAQUITA:	¿Por qué no te gusta Mario? Creo que es simpático, y también es bastante guapo.
MEGAN:	¿Qué se cree que soy? ¡Siempre me está pegado a mí! Es como una mosca de la que no puedo escapar.

Why doesn't Megan like Mario?

A. He always stands too close to her. (Turn to p. 115.)

B. He's homely and a very annoying person. (Turn to p. 149.)

C. She's jealous because he likes Paquita more than her. (Turn to p. 127.)

D. He's very sexist, and keeps putting his arm around her. (Turn to p. 145.)

37 Besos olvidados

Una chica de Connecticut habla con sus amigas argentinas.

MAGDALENA: ¿Vamos al cine esta tarde después de comer?

ADELA: Muy bien. ¿A qué hora salimos?

MAGDALENA: A las cinco, más o menos.

ADELA: ¿Tan temprano? Pues, entonces me encuentro con ustedes más tarde.

SUSAN: ¿A qué hora comen ustedes?

ADELA: No es eso. Comemos como siempre a las tres, pero es que quiero ver mi telenovela favorita.

MAGDALENA: ¿Cuál estás mirando?

ADELA: *Besos olvidados*. Pero la historia ya se está terminando y yo creo que ha sido una telenovela fantástica.

MAGDALENA: Tienes razón. La he visto de vez en cuando también. Ese Sergio Maldonado es muy distinguido, ¿no?

ADELA: A mí me gusta más Joaquín Andújar. ¡Qué actor tan guapo! ¡Qué lástima que muriera! Pues, que Juan Jesús muriera. Ojalá que tenga un mejor papel en otra telenovela.

MAGDALENA: De acuerdo. Y, ¿no crees que Candelaria Betancourt es una actriz maravillosa?

ADELA: Claro que sí. ¿Sabes quiénes son, Susana?

SUSAN: Sí, vi un episodio hace dos o tres semanas, pero, ¿por qué quieres verla hoy? Van a repetir todo mañana. ¿Qué importa un día?

ADELA: Es que es la última semana y quiero saber cómo se resuelve todo.

SUSAN: ¿La última semana? ¿La cancelaron?

ADELA: ¿Que si la cancelaron? ¡Claro que no! Ha sido una de las telenovelas más populares del año.

MAGDALENA: Es verdad. Probablemente es porque es una historia muy moderna. La mujer dejó plantado al hombre para mejorar su carrera. Normalmente ocurre al revés. Hasta mi mamá ha estado pegada a la pantalla durante el programa.

SUSAN: Entonces, ¿por qué se termina?

Why is it the last week of the *telenovela*?

A. The show is 20 years old, and it's too old-fashioned. (Turn to p. 129.)

B. *Telenovelas* aren't very popular any more, especially with the younger generation. (Turn to p. 132.)

C. Most *telenovelas* last only two to three months. (Turn to p. 136.)

D. The season is over. They'll show reruns and it will be back on in the fall. (Turn to p. 151.)

38 Las rosas, sí

El joven norteamericano de Louisiana conoció a una muchacha muy simpática anoche en Bogotá, Colombia.

ESTEBAN: El concierto a que fuimos anoche estuvo fabuloso, ¿verdad?

ANDREW: Claro que sí. Me divertí mucho.

ESTEBAN: Y ¿qué tal la prima de Cristina?

ANDREW: Estefanía es una chica muy simpática. Me gustaría salir con ella otra vez.

ESTEBAN: Sí, es bonita e inteligente. Ustedes pueden ir con Cristina y conmigo a la feria este fin de semana.

ANDREW: ¿Sabes lo que voy a hacer? Mandarle flores a Estefanía.

ESTEBAN: Muy buena idea.

ANDREW: No cuestan mucho aquí, ¿verdad?

ESTEBAN: Pues, yo creo que sí, pero me doy cuenta de que cuestan mucho más en los Estados Unidos.

(Más tarde)

ANDREW: Esta florería es enorme. Fíjate en la cantidad de flores que hay.

ESTEBAN: No es una florería. Es el mercado de flores más grande de Bogotá. Pero sí hay muchos puestos.

ANDREW: Margaritas, rosas, azucenas, claveles... . Ah, me gustan estas crisantemas. ¡Mira qué enormes son las flores! Le voy a mandar una de estas cestas.

ESTEBAN: No, ésas no. Las rosas son mejores, o los claveles.

ANDREW: Es demasiado grande, ¿verdad? Entonces, compro este ramo más pequeño. Me gustan mucho las crisantemas.

ESTEBAN: No, Andrés, créeme. Esas flores no son apropiadas.

Why doesn't Esteban like the mums?

A. He thinks they're too expensive. (Turn to p. 147.)

B. They're considered a weed in Colombia. (Turn to p. 109.)

C. They're funeral flowers in Colombia. (Turn to p. 120.)

D. He's jealous and doesn't want Andrew to send her something too extravagant. (Turn to p. 154.)

39 Es un buen precio

Andrew, el joven de Louisiana, busca flores para mandarle a Maribel una chica que acaba de conocer.

ANDREW: Este mercado de flores es enorme. Mira la cantidad de flores. Deben vender muchísimas aquí.

ESTEBAN: Pues, sí. A todas las mujeres aquí les gusta tener flores en casa.

ANDREW: ¡Y los precios no están malos! En vez de una sola rosa, aquí puedo comprar más de una docena.

ESTEBAN: A Maribel le va a gustar mucho recibir flores. Como te dije, le gustan las rosas.

ANDREW: Probablemente tengo bastante dinero para dos docenas.

ESTEBAN: Oye, Andrés, ¿por qué no compras las flores en aquel puesto allí, el Rinconcito?

ANDREW: Bien. Pero mira los ramos preciosos en este puesto aquí.

ESTEBAN: Pues, antes de comprar uno, ¿no quieres ver lo que tienen en el Rinconcito?

ANDREW: Claro que sí. ¿Dónde está? ¿Podemos caminar o vamos en autobús?

ESTEBAN: No, está aquí mismo, el segundo puesto enfrente. Mira.

ANDREW: Ay, ¡qué ramos de rosas tan espectaculares!

ESTEBAN: Sí, es una florería muy buena. Conozco a los dueños.

ANDREW: Pero, mira, el precio es más que en ese puesto que vimos antes.

ESTEBAN: Es porque tienen muy buena calidad aquí. Además, ése es el precio básico, nada más, el precio de muestra.

ANDREW: Si es el precio básico, las otras flores van a costar más.

ESTEBAN: No importa. El propietario es compadre de mi tío.

ANDREW: Quiero comprar de tus conocidos, pero como dices tú, quiero un buen precio.

ESTEBAN: Esto es lo que te digo. El señor nos va a dar su mejor precio. Por eso debes comprar las flores aquí.

Why does Esteban want to buy the flowers here?

A. He will get a commission on the sale. (Turn to p. 150.)

B. Since the flowers are better quality, the slightly higher price is worth it. (Turn to p. 157.)

C. They will get a big discount because they know the people who own it. (Turn to p. 134.)

D. This store includes delivery in the price. (Turn to p. 153.)

40 Las bodas de Angélica

Una chica de Ohio habla con sus amigas en Taxco, México.

KELLY: Chela, ¿qué vamos a hacer este fin de semana?

CHELA: Pues, el sábado vamos a las bodas de Angélica García. ¿La conoces? Es la hija de mi madrina.

KELLY: Y es la hermana mayor de Rosita, ¿verdad?

CHELA: Pues, sí. ¿Cómo conoces a Rosita?

KELLY: Porque es la prima de Paco Pérez.

CHELA: Tienes razón. Y la hermana de Paco va a ser madrina de bodas. ¿Sabes quiénes son las otras madrinas?

KELLY: ¿Las madrinas? ¿Sus mamás? Es decir, tu mamá y la mamá de Rosita?

CHELA: No, Kelly, las madrinas de bodas. Catalina e Inés Castillo, Blanca Cárdenas ...

KELLY: Ellas son muy jóvenes, ¿no?

CHELA: No son tan jóvenes como nosotras. Catalina tiene diecinueve años, Inés es un poco mayor, y Blanca tiene dieciocho.

KELLY: ¿Y ya son madrinas?

CHELA: Claro. Son buenas amigas de Catalina.

KELLY: ¿Quién es su dama de honor? ¿Su hermana?

CHELA: No sé, pero es seguro que Rosita es una de las madrinas.

KELLY: ¡Otra madrina! ¿Cuántas madrinas va a tener?

CHELA: No estoy segura pero probablemente siete u ocho.

KELLY: ¡Son muchas!

CHELA: Pues, sí. Ella tiene más hermanas que yo y también tiene muchas amigas. Por eso van a ser unas bodas muy bonitas. Y vamos a divertirnos mucho en la fiesta de bodas.

Why is Kelly surprised about the *bridesmaids*?

A. She thinks there should only be one *madrina*. (Turn to p. 130.)

B. She doesn't realize that in Mexico *madrinas* are usually older and are friends of the family. (Turn to p. 115.)

C. She is hinting that she wants to be a *madrina* also. (Turn to p. 160.)

D. She thinks that they are talking about more than one wedding. (Turn to p. 141.)

41 Las madrinas

Más tarde en el zócalo de Taxco, las amigas todavía hablan de las bodas.

CHELA: ¿Cómo está Paco? ¿Vas a las bodas con él esta tarde?

KELLY: No estoy segura. Acaba de llamar para decirme que primero va con Estela. ¿Quién es ella? ¿La conoces?

CHELA: No, no la conozco. ¿De dónde es?

KELLY: De Iguala. Dice que va a Iguala esta tarde, y que me va a ver en la iglesia.

CHELA: ¿Iguala? ¿Por qué va a Iguala? Ay, mira, allí está Catalina.

KELLY: ¡Qué bonitas flores tiene! ¿Por qué tiene tantos ramos?

CHELA: Son para las bodas esta tarde.

KELLY: ¿Por qué tiene ella las flores? Su papá es médico, ¿verdad? ¿Hay una florería en su familia?

CHELA: No, pero ella es la madrina de flores. ¡Oye, Catalina!

KELLY: ¿Madrina de flores?

CHELA: Sí, y Blanca Cárdenas es la madrina de vestido, y Joselita es la madrina de velo.

CATALINA: ¡Hola, amigas! Miren las flores. Son muy lindas, ¿no?

KELLY: Ay, espero que no haya nada inesperado. ¿Murió alguien?

CATALINA: Ojalá que no.

CHELA: Pues, las flores son hermosísimas, Catalina. Margaritas, rosas... . ¿De dónde son?

CATALINA: Mi hermano Rogelio acaba de traerlas de Cuernavaca. Las llevo a la iglesia ahora. Santa Prisca va a estar más bonita que nunca.

CHELA: ¿Está listo el velo?

CATALINA: Joselita está tejiendo unas florecitas blancas por la corona ahora.

CHELA: ¡Qué buena idea, Catalina!

KELLY: ¿No es un chiste? ¿No hacen nada malo?

CATALINA: ¡Y dicen que el pastel de bodas es magnífico! Lucía Pérez es la madrina de pastel... .

KELLY: ¿Lucía, la hermana de Paco?

CATALINA: Sí.

KELLY: Entonces, no es Estela. Va por el pastel a Iguala. Estoy muy aliviada. Pero todavía no entiendo cómo son las bodas aquí.

CHELA: Ya verás. Van a ser un as bodas muy bonitas, muuuuy preciosas.

What doesn't Kelly understand?

A. Why her friend Paco isn't taking her to the wedding. (Turn to p. 149.)

B. Why all the bride's friends are running errands the day of the wedding. (Turn to p. 119.)

C. What kind of tricks they're playing on the bride and groom. (Turn to p. 137.)

D. Who is in the wedding. (Turn to p. 128.)

42 Nuestra casa

Una familia norteamericana que está viajando en Lima, Perú, habla con Adriana, una estudiante peruana que acaba de regresar de la casa de ellos en Denver, Colorado.

ADRIANA: ¡Hola, Cheryl! ¡Qué bueno verte! ¿Cómo estás?

CHERYL: Muy bien, Adriana. Naturalmente me alegro mucho de estar aquí en Lima por fin. Y gracias por venir al hotel para encontrarnos. ¿Cómo está tu familia?

ADRIANA: Todos bien, gracias. Los esperan a ustedes con mucha anticipación. Ah, aquí vienen tus padres. ¡Hola, mamá! ¡Hola, papá!

MAMÁ: ¡Dame unos besos, hija! ¡Qué gusto verte otra vez!

PAPÁ: Igualmente, Adriana. Y muchas gracias por invitarnos a tu casa.

ADRIANA: Mi casa es su casa. Mi familia tiene muchas ganas de conocerlos.

MAMÁ: ¿En qué parte de la ciudad vives, Adriana?

ADRIANA: Nuestra casa está en el barrio San Isidro. Está a veinte o treinta minutos de aquí, nada más.

PAPÁ: ¿El barrio?

ADRIANA: Se llama San Isidro. Está entre aquí y Miraflores, por la Avenida Arequipa.

PAPÁ: Pues, posiblemente podemos ir a un restaurante esta noche. ¿Es posible que tu familia venga por aquí para comer?

ADRIANA: Ay, papá. Está bien. No se moleste. Todo está preparado para su visita.

PAPÁ: Francamente, no sabia que tu casa está en un barrio.

ADRIANA:	De veras no está lejos.
CHERYL:	Sí, papá, y mañana su familia puede venir al centro para enseñarnos los museos y las iglesias y ...
MAMÁ:	Muy bien. Entonces, vámonos. Todos estamos listos, ¿verdad?
PAPÁ:	No estoy seguro ...

Why doesn't Cheryl's father want to go to Adriana's house?

A. It's in a barrio. (Turn to p. 132.)

B. He's not ready yet. (Turn to p. 160.)

C. It's too far and he's tired. (Turn to p. 113.)

D. He thinks they're imposing on her family. (Turn to p. 146.)

43 Mi casa es tu casa

Un norteamericano de Nueva York acaba de llegar a Guatemala.

SANTOS: Por fin llegamos a casa. Esa casa a la izquierda es la nuestra.

ROB: ¿Dónde? ¿Estas son casas?

SANTOS: Sí, aquí estamos. Un momento. Cuando toco el claxón, Clara viene inmediatamente a abrir el portal. Es más fácil que bajarse del carro en la calle.

ROB: Ah, allí está la casa. ¡Qué casa más bonita!

SANTOS: Gracias, Rob, y bienvenido. Mi casa es tu casa.

ROB: ¿Por qué hay una muralla alrededor de la casa? ¿Hay peligro aquí?

SANTOS: ¿De qué? ¿De terremotos? Todos los norteamericanos tienen miedo de los terremotos.

ROB: No, de los terremotos, no, de los ladrones o los asesinos.

SANTOS: Pues, aquí en la capital, hay más crimen que en el pasado, pero en este barrio, casi no hay, gracias a Dios.

ROB: ¿Cuánto tiempo hace que vives en esta casa?

SANTOS: Mi familia vive aquí hace más de veinte años. Es una casa cómoda y nos conviene.

ROB: ¿Tienen ustedes un perro?

SANTOS: Ahora, no. Pero sí hay un gato que viene a veces. Bueno, vamos a comer en una hora, más o menos, y después salimos para ver más de la ciudad.

ROB: ¿Podemos salir cuando queramos?

SANTOS: Claro, Roberto. Aunque siempre les digo a mis padres adónde voy. Ése es el dormitorio de mis hermanas y éste es el mío. Los dormitorios de mis padres y mis abuelos están arriba. Bueno, aquí está tu cuarto. Permíteme abrir la puerta al jardín.

ROB: Pues, gracias, Santos. ¿Qué hay al otro lado de la muralla?

SANTOS: Un terreno pequeño, nada más. No hay casa allí. Y detrás está la casa de unos vecinos. No te preocupes. Este barrio es muy tranquilo.

What is bothering Rob about the house?

A. It's in a dangerous area of the city. (Turn to p. 152.)

B. It doesn't look like it's built to withstand an earthquake. (Turn to p. 138.)

C. It is enclosed by a high wall. (Turn to p. 118.)

D. It is very small and primitive. (Turn to p. 113.)

44 A las quince

En Santiago, Chile, un joven de Nevada hace planes para pasar las vacaciones en Viña del Mar.

GREGORIO: Brian, mis tíos viven en Viña del Mar. ¿Por qué no vamos allí durante las vacaciones de Navidad?

BRIAN: Buena idea, Gregorio. Viña del Mar está al norte de aquí, ¿verdad? ¿Está en el desierto?

GREGORIO: No, no. El desierto está muy al norte, y Viña del Mar no está muy lejos de aquí. Te va a gustar mucho Viña del Mar, porque las playas son maravillosas y hay mucho que hacer. Vamos a divertirnos mucho, aunque a veces hace bastante calor allí también.

BRIAN: Entonces, espero las vacaciones con mucha anticipación. ¿Cuándo salimos?

GREGORIO: Pues, el último día de clases antes de las vacaciones es jueves, el trece de diciembre. Podemos salir el catorce.

BRIAN: ¿Cómo vamos? ¿En carro?

GREGORIO: No, papá tiene que trabajar hasta el día veinte y necesita el carro. Mamá y Elena vienen con él el veintiuno. Pero nosotros podemos ir en autobús.

BRIAN: ¡Qué bueno tener una semana adicional en la playa! Si salimos en la mañana, ¿es posible llegar a tiempo para ir a la playa por la tarde?

GREGORIO: Pues...creo que mi hermana tiene un horario en su escritorio. Lo busco. ... sí, aquí está.

BRIAN: Me sorprendo. ¡Hay muchos autobuses que van a Viña del Mar!

GREGORIO: Claro que sí. Es un lugar muy popular durante todo el año, y especialmente durante las vacaciones.

BRIAN: ¡Qué suerte tengo de que tus tíos vivan allí!

GREGORIO: Mira. Hay un autobús que sale a las quince. Así que podemos salir el jueves en vez de viernes.

BRIAN: ¿El jueves o el sábado?

GREGORIO: El jueves a las quince.

BRIAN: ¿A qué hora salimos? ¿A la una y quince?

GREGORIO: No, después de las clases. A las quince en punto.

BRIAN: ¿Cuándo? ¿Cuándo salimos?

What is confusing Brian about when they're going to Viña del Mar?

A. He can't understand why they would be going to Viña del Mar in December. (Turn to p. 148.)

B. He thought they were going on December fourteenth, not the fifteenth. (Turn to p. 154.)

C. He wonders why they are leaving early rather than waiting to go with the family. (Turn to p. 139.)

D. He hasn't learned to tell time yet in Spanish. (Turn to p. 117.)

45 El treinta de julio

Unas viajeras de New Hampshire llegan a Asunción, Paraguay, y van a su hotel en autobús.

BETH: Qué bonita es Asunción, ¿no? Tengo muchas ganas de ver la ciudad.

SALLY: Sí, pero tengo calor y estoy muy cansada. Al llegar al hotel, lo primero que voy a hacer es ir a la piscina y nadar un poco.

BETH: ¡Qué buena idea! Hace calor aquí y también necesito el ejercicio.

SALLY: Más tarde, si hay tiempo, podemos ir de compras. Esas tiendas parecen muy interesantes.

BETH: Sí, quiero comprar encaje de Paraguay. ¿Cómo se llama?

SALLY: ¿Ñandutí?

BETH: Creo que sí. Y también un dije para mi pulsera. ¡Mira esa joyería!

SALLY: Beth, no debes comprar tanto. Todavía queda otra semana de viaje y dicen que hay mucha joyería bonita en Brasil.

BETH: ¿Cuándo vamos a Brasil?

SALLY: Según el itinerario, el dos de agosto.

BETH: ¿Qué día es hoy?

SALLY: Miércoles.

BETH: Pues, ¿dónde está mi calendario? Oh, aquí está. Salimos del Paraguay el sábado. Oh, vamos a Iguazú por una noche...

SALLY: Beth, mira a esas chicas. ¡Llevan suéteres! No lo creo.

BETH: Y esas mujeres allí, ¡llevan ponchos! ¡Qué raro!

SALLY: Sí, pero no sé por qué. Hace un tiempo magnífico.

BETH: Pues, allí está el hotel. Me alegro de haber llegado por fin.

SALLY: Yo también. Ay, ¡no! No puede ser. ¡No hay agua en la piscina!

BETH: Posiblemente es algo temporario. Posiblemente hay otra piscina. Posiblemente...

SALLY: ¡Qué mala suerte tenemos!

Why isn't there water in the pool?

A. It's wintertime. (Turn to p. 161.)

B. The pool is being repaired. (Turn to p. 131.)

C. The water isn't safe. (Turn to p. 161.)

D. The government wants to encourage tourists to shop instead of resting around the pool. (Turn to p. 144.)

46 Las invitaciones están listas

Una estudiante de Nuevo Jersey está pasando el verano con la familia Fuentes en Cuernavaca, México.

MAMÁ: ¡Qué bien que hayas llegado para la fiesta quinceañera de Maruja!

MELISSA: Sí, me alegro mucho. Va a ser una fiesta magnífica.

MAMÁ: Todas las invitaciones están listas. ¿Quieres ir conmigo? Pienso empezar a repartir las invitaciones esta tarde.

MELISSA: Me gustaría mucho. ¿A qué hora salimos?

MAMÁ: A las cuatro, más o menos.

MELISSA: Entonces voy a terminar la carta a mis padres.

MAMÁ: Muy bien, Melissa. Te llamo cuando sea hora de comer.

(Más tarde)

MAMÁ: ¿Estás lista para salir, Melissa?

MELISSA: Sí, mi carta está en mi bolsa.

MAMÁ: Es una bolsita muy bonita.

MELISSA: Gracias. ¿Me puede hacer un favor? Después de ir al correo, ¿podemos ir a la tienda de Kodak? Necesito comprar un rollo de película para mi cámara.

MAMÁ: No vamos al correo, pero le voy a pedir a Julio que te compre la película esta tarde. Trabaja al lado de una tienda de fotos.

MELISSA: ¿No vamos al correo?

MAMÁ: Ah, sí. La carta a tus padres. Julio puede llevarla. Creo que no ha salido todavía. ¡Julio! Julio, espérate. ¿Puedes llevar al correo la carta de Melissa? Y también, cómprale un rollo de película para su cámara, por favor.

JULIO: Sí, mamá. Con mucho gusto.

MELISSA: Pues, ¿no puedes llevar también las invitaciones?

MAMÁ: Claro que no. No tiene tiempo. Tiene que trabajar. Ah, sí, Julio, ¿por qué no llevas la invitación para los señores Díaz? El señor trabaja en ese edificio enfrente de tu agencia, ¿no?

JULIO: Sí, mamá, no hay problema. Lo veo esta tarde para entregarle la invitación.

MAMÁ: Muchas gracias, Julio. Ven, Melissa. Primero, vamos a la casa de los Rodríguez.

Why aren't they going to the post office?

A. The invitations are finished, but the envelopes aren't addressed yet. (Turn to p. 135.)

B. They're going to deliver the invitations in person. (Turn to p. 122.)

C. The post office isn't very reliable, so she'll use a delivery service. (Turn to p. 140.)

D. The post office is a long way from where they live, so she'll just put them in a mailbox. (Turn to p. 137.)

47 Garrapatos

Un joven de Rhode Island está en Buenos Aires, Argentina, y quiere viajar un poco para ver el país.

ERIC: ¿Qué lugares sugerirías para mi viaje por tu país?

IVÁN: Por seguro que tienes que ver los Andes. Bariloche es un lugar magnífico.

ERIC: ¿No es Bariloche donde esquían mucho en el invierno?

IVÁN: Sí, pero hay muchos lagos y deportes de verano también.

ERIC: También quiero ver las pampas, porque dicen que se parecen al oeste de los Estados Unidos.

IVÁN: Pues, hay algunas diferencias. Nuestros gauchos son diferentes de tus vaqueros, por ejemplo. Pero sí, es un lugar interesante. Y otro lugar muy bonito es Iguazú, en la frontera entre Argentina, Paraguay y Brasil. Hay cataratas muy impresionantes allí.

ERIC: Déjame ver el mapa. Ay, Iguazú está al este del país, y Bariloche está muy al oeste. Argentina es muy grande. Posiblemente no tendré bastante dinero para ver todo.

IVÁN: Bueno, mi tío es agente de viajes. Le voy a pedir que te arregle un viaje que no cueste mucho.

(Más tarde)

IVÁN: Tío Juan, éste es mi amigo, Eric Brown.

ERIC: Mucho gusto en conocerlo, señor.

TÍO JUAN: Igualmente, Eric. Pues, aquí tienes mis recomendaciones en cuanto al viaje. Si quieres viajar en autobús, no costará mucho el transporte.

ERIC: Eso me agradaría mucho. Costará menos y podré ver el paisaje a la vez.

TÍO JUAN: También te recomiendo hospedaje en hoteles pequeños o casas de huéspedes. Conozco a la gente en estos hospedajes, y es probable que te ofrezcan un costo reducido.

ERIC: Muchísimas gracias, señor. Así será posible visitar muchos lugares de interés aquí.

TÍO JUAN: No hay de que, Eric. Aquí está la carta de presentación, y buen viaje.

(Poco después)

ERIC: Iván, me agrada mucho la carta de tu tío, pero, mira, no es posible leer su firma.

IVÁN: No hay problema. Es su rúbrica.

ERIC: Pues, su nombre es Juan Ochoa, ¿no? Pero no veo ninguna letra reconocible.

IVÁN: Lo siento por no presentarlo bien. Se llama Juan Ríos Ochoa. Es hermano de mi mamá.

ERIC: Su firma es como la de un médico, nada más que garrapatos.

IVÁN: No importa. Toda esa gente a la que presentas la carta va a reconocer su rúbrica.

ERIC: Ojalá que tengas razón. Gracias a tu tío, tengo la oportunidad de viajar por la Argentina.

Why can't Eric read the signature of Ivan's uncle?

A. Iván didn't give his uncle's complete name when he introduced him. (Turn to p. 116.)

B. Hispanics use a different style of writing and Eric can't read this written Spanish very well. (Turn to p. 128.)

C. His uncle studied medicine before becoming a travel agent. (Turn to p. 111.)

D. His uncle has used a unique design to symbolize his name. (Turn to p. 112.)

48 ¿Quihúbole?

En Puebla, México, un joven de Iowa escucha a los jóvenes mexicanos mientras planean sus vacaciones.

CARLOS: Doug, tengo buenas noticias. Hay una pachanga el sábado.

DOUG: ¿Pachanga?

CARLOS: Sí, va a estar aquí mero en Tlalpán. Y el domingo vamos al balneario Ixti.

DOUG: ¿Balneario Ixti? ¿El volcán?

CARLOS: Sí, el balneario está cerca del volcán. ¡La alberca es enorme!

DOUG: ¿Alberca?

CARLOS: Sí, lleva tu traje de baño.

DOUG: Ah, sí. Vamos a nadar. ¿Quiénes van?

CARLOS: Pos... todos los cuates, las chamacas, todo el mundo, un mero diablal.... Mira, ahí viene Cristóbal. Hola, 'mano.

CRISTÓBAL: ¿Quihúbole, gordito?

CARLOS: Estamos platicando de la pachanga.

CRISTÓBAL: Simón. ¿Pero no hay una lunada?

CARLOS: Sí, la lunada es el viernes de la próxima semana, cerca de Teotihuacán, la pachanga es el sábado, este fin de semana en Tlalpán, y el domingo vamos al balneario.

CRISTÓBAL: Híjole, sí vamos a divertirnos. ¿Dónde es la pachanga?

CARLOS: En el nuevo apartamento de los viejos.

DOUG: ¿Los viejos?

CARLOS: Sí, Chucha y Goyo Montemayor.

CRISTÓBAL: ¡Qué padre! ¿Habrá mariachi?

CARLOS: Brincos dieras. No tenemos ni plata ni feria, y además es informal. Lleva tus elepés.

CRISTÓBAL: Estamos en onda. ¡Qué buenas vacaciones!

CARLOS: Bien, compadre, ahí nos vemos.

CRISTÓBAL: Chau, Gordito, Chau, Gringo.

CARLOS: Ándale, 'mano. Vámonos, Doug.

DOUG: No entiendo nada.

Why doesn't Doug understand anything?

A. This is a modern version of the Aztec language. (Turn to p. 142.)

B. They are speaking a Spanish version of Pig Latin. (Turn to p. 150.)

C. This is mostly Spanish teenage slang. (Turn to p. 133.)

D. They are using typical Mexican Spanish. (Turn to p. 135.)

49 El desfile

Una estudiante afroamericana de Alabama está en Sevilla.

PILAR: Mi abuela y yo vamos a la Plaza de la Encarnación esta noche para ver las procesiones. ¿Quieres ir con nosotros?

KATHY: Claro que sí. Gracias por invitarme. Me gustan mucho los desfiles. Pero nosotros no tenemos desfiles antes de la Pascua Florida.

PILAR: Pues, no es exactamente un desfile.

KATHY: Por supuesto. En los Estados Unidos no es un verdadero desfile tampoco. Son las mujeres que quieren estrenar su ropa nueva. Por eso es más como lo que ustedes llaman el paseo.

PILAR: Pues, no. Las procesiones de esta semana no son así.

(Más tarde en el centro)

KATHY: Si hay un desfile, nadie parece muy animado.

PILAR: Pues, realmente no es un desfile. Son procesiones de Semana Santa.

KATHY: Pero, ¿por qué es tan callado? ¿No hay bandas?

PILAR: Es que tenemos mucho respeto por el Redentor.

KATHY: Oh, aquí viene. Mira la carroza por ahí. ¡Qué bonitas las luces! ¡Y las flores son estupendas! ¡Bravo!

PILAR: No, no, Kathy, no grites. Es una ocasión muy seria.

KATHY: ¡Ay, disculpa! ¡Es verdad que es seria!

PILAR: Mira. Aquí viene la Sociedad de la Macarena. Mi tío está en ese grupo.

KATHY: ¿Qué es esto? No lo creo. ¿Tienen ustedes el Ku Klux Klan aquí? ¡Qué horrible! No puedo creer que tu tío sea parte de eso.

PILAR: ¿Qué es el Ku Klux Klan? Creo que no hay ninguna cofradía aquí con este nombre. ¿Tienen ustedes cofradías en los Estados Unidos?

KATHY: ¡Qué horror! ¡Ahora un grupo en rojo! ¡Y otro en azul! ¿Qué es esto? De veras, tengo un poco de miedo con todos estos grupos. ¿Qué clase de desfile es éste?

What kind of parade is this?

A. It's not a parade. It's a rally. (Turn to p. 139.)

B. It's a parade very similar to our Christmas parades. (Turn to p. 130.)

C. It's not a parade. It's a procession of religious societies. (Turn to p. 126.)

D. It's a march on the American embassy to protest our foreign policy. (Turn to p. 136.)

50 Uy, ¡qué horrible!

Una muchacha de Oklahoma está en Querétaro, México.

MARIBEL: Hace exactamente dos años que murió mi abuelito. ¿Quisieras ir conmigo al cementerio para poner flores en su lápida?

LAURIE: Me alegraría de acompañarte. Me has dicho mucho sobre tu abuelo. Debe de haber sido una persona muy simpática.

MARIBEL: Sí, lo fue. Me enseñó mucho. Por eso llevo flores.

LAURIE: Es una lástima que yo no lo conociera.

(Más tarde)

MARIBEL: Allí está la piedra.

LAURIE: Es grande.

MARIBEL: No es tan grande como quisiéramos pero no hay mucho lugar en nuestra tierra santa, y mi abuelita ya tiene ochenta y seis años.

LAURIE: Hay muchísimas piedras aquí.

MARIBEL: Es por la poca tierra que hay. Si pudiéramos, compraríamos más, pero no hay.

LAURIE: Mira allí. ¿Qué es esto que está al lado de la muralla?

MARIBEL: Son los huesos de los desenterrados, nada más.

LAURIE: ¿Huesos? ¿De los difuntos?

MARIBEL: Sí, pero son de hace muchos años.

LAURIE: Uy, ¡qué horrible! ¡Los pobres! ¡Y sus pobres familias!

MARIBEL: Pues, no hay bastante tierra.

LAURIE: Pero, dejarlos allí en ese montón es horrible. ¡Qué deprimido! Parece como si fuera una guerra. ¿Cómo es posible que la gente acepte esto?

MARIBEL: Bueno, después de varios años, ¿qué remedios hay?

Why is there a pile of bones in the corner of the cemetery?

A. If the families are poor, they just throw the bodies into a pile. (Turn to p. 124.)

B. The spirit has left the body and has gone to heaven, so who cares about the bones that are left? (Turn to p. 129.)

C. They've been left there since the Revolution many years ago, but for political reasons, no one can do anything about it. (Turn to p. 125.)

D. If there isn't enough room in the family plot, they dig up the one buried the longest and put the bones on the pile. (Turn to p. 132.)

51 Un buen partido

En Santo Domingo, República Dominicana, un estudiante de Hawaii y sus amigos deciden qué hacer un domingo en la tarde.

LORENZO: ¿Quieres ir al parque esta tarde?

BRAD: Me gustaría mucho, Lorenzo. Hay mucho que hacer en el parque los domingos.

LORENZO: Tienes razón. Y esta tarde hay una reunión y el picnic de los azules. Creo que ese partido es muy importante y claro que quiero asistir. Muchos partidarios van a estar allí, porque es muy importante, ganar este año. También dicen que el gobernador va a ir.

BRAD: Muy bien. Me gusta mucho el equipo Caribe. Quiero ver a Luis Perales, el portero.

HUGO: ¿El futbolista? ¿Es partidario de PASA?

BRAD: ¿Pasa? Supongo que sí. Corre, pasa, anota muchos goles...

LORENZO: No, no entiendes. PASA es el Partido de Acción Social Americano.

BRAD: ¿Otros discursos políticos?

LORENZO: Sí, Brad, estas elecciones van a ser muy importantes y es nuestra responsabilidad escoger a los mejores candidatos. Los azules tienen un programa comprensivo para mejorar las condiciones de la gente del estado. Es una plataforma maravillosa para la educación y la economía del país.

HUGO: Y yo voy también para escuchar lo que proponen. Pero me parece a mí que los verdes tienen una plataforma mejor. Creo que la salvación de la tierra es de primera importancia.

BRAD: ¿Van Altagracia y Verónica?

LORENZO: Por supuesto. Altagracia es la jefa del comité de banderas, y Verónica y su hermana la ayudan.

BRAD: Entonces, sí voy. ¿Cuándo salimos para el parque?

LORENZO: Tan pronto como nos cambiemos la ropa.

BRAD: En ese caso, estoy listo. No me voy a cambiar nada más que los zapatos.

LORENZO: Pues, debes cambiarte la camiseta, Brad. Es amarilla y negra. Por lo menos, lleva una blanca.

What do the colors have to do with an afternoon in the park?

A. They are their political colors, and there is a political rally in the park. (Turn to p. 125.)

B. They are their team's colors, and there's an important game in the park. (Turn to p. 118.)

C. They are the girls' favorite colors. (Turn to p. 117.)

D. They are the colors of the nation's flag, and this is a national holiday. (Turn to p. 133.)

52 Vote por los verdes

Una estudiante de Maine está en Venezuela.

EMILY: ¿Tienes mucho más que hacer, Eva? Nora y yo pensamos ir al cine un poco más tarde.

EVA: Pues sí, hay mucho que hacer antes de las elecciones. Esta noche vamos a pegar carteles por las escuelas y universidades. Pero gracias por invitarme. Te prometo que voy al cine contigo después de las elecciones.

EMILY: ¿Cuándo son las elecciones?

EVA: En ocho días. No queda mucho tiempo para diseminar informes.

EMILY: Pero Eva, los verdes son más populares en todas las encuestas. Es muy probable que vayan a ganar.

EVA: Es verdad, pero cada voto es importante. El mayor número de votos significa el mayor número de cargos públicos.

EMILY: ¿Qué necesitan para ganar aquí? ¿Dos terceros?

EVA: Eso sería fantástico. Por eso nos esforzamos más.

EMILY: Me gusta mucho el candidato de los verdes para senador. ¿Qué necesita él para ganar? Me gustaría votar por él.

EVA: Claro que no se puede votar por un cargo en particular, pero todos los votos para los verdes nos ayudan. Y estoy segura de que ya tenemos bastantes votos para que Rodolfo Díaz sea senador.

EMILY: Muy bien. Me alegro. ¿Sabes que? Yo votaría por todos los candidatos de los verdes, menos Homero Pacheco. Me parece que no tiene suficiente preparación.

EVA: Bueno, está en la primera lista. Por eso, es seguro que él tendrá su cargo también. El problema es que tengo una amiga, tú la conociste, Florencia Villarreal, que merece un cargo, pero creo que no hay bastantes votos todavía.

EMILY: Eva, según las encuestas, a todos les gusta esa candidata.

EVA: Claro, pero, ¿qué importa si les gusta o no? Lo que es necesario es que los verdes salgan con más votos de los que parece que tenemos ahora.

EMILY: Entonces, ¿por qué no pegas carteles a favor de ella, en vez de más carteles de los verdes?

EVA: Es que votamos por un candidato a presidente y por el partido que lo respalda.

EMILY: Pues entonces, ¿qué puedo hacer para ayudarle a Florencia?

EVA: Pues, vente conmigo esta noche a las universidades.

Why isn't Eva doing more to help her friend win the election?

A. She's more interested in saving the earth than in helping her friend. (Turn to p. 137.)

B. Since her friend has a slim chance of winning, she might as well help someone else. (Turn to p. 112.)

C. Venezuelans rarely vote for women candidates. (Turn to p. 121.)

D. People only vote for the party, not the specific candidates. (Turn to p. 131.)

53 El mejor candidato

Un norteamericano de South Carolina estudia en una universidad en Ecuador.

EDUARDO: Estas elecciones van a ser muy importantes, ¿verdad?

ÓSCAR: ¡Claro que sí! Me interesa mucho la política.

RICK: A mí no. Me aburre. No hay políticos buenos.

ÓSCAR: Pues, es importante que votemos para el futuro de nuestro país.

EDUARDO: Creo que el mejor candidato para gobernador es Félix Aguilar. Tiene mucha experiencia en la legislatura y es especialista en negocios.

ÓSCAR: No estoy de acuerdo. Es obvio que César Santacruz es el mejor candidato. Era profesor en la universidad y sus novelas indican que entiende la vida aquí. Puede representar bien al país.

EDUARDO: Pero le falta experiencia. Además, Aguilar ha publicado un montón de libros y ensayos sobre la economía del país.

RICK: Yo prefiero mirar la televisión.

EDUARDO: Mañana a las siete Félix Aguilar explica su programa para mejorar las exportaciones.

ÓSCAR: Y pasado mañana, no sé la hora exacta, César Santacruz habla sobre la pobreza y ...

RICK: Bien. Todos los candidatos son muy inteligentes. ¿A qué hora empieza el partido de fútbol? Voy a buscar una revista o un periódico que tenga el horario.

ÓSCAR: Rick, te compro el periódico de hoy porque contiene una selección de los poemas de Gustavo Soto, el candidato para vice gobernador. También hay una entrevista con él sobre la educación en el estado.

EDUARDO: Y Aguilar habla esta noche en el teatro municipal. Rick, ¿quieres acompañarme a la reunión?

RICK: Gracias, Eduardo, pero tengo que estudiar esta noche. Hay un examen mañana en la clase de literatura andina.

ÓSCAR: Soto es joven, pero su poesía está en todas las colecciones, y ya ganó el Premio Nacional de Literatura. Estoy seguro de que será presidente del país algún día.

EDUARDO: No lo creo. Y en estas elecciones Aguilar es un candidato mucho mejor que Santacruz, y por eso es muy probable que gane.

What seems to be most important for the success of a political candidate in Latin America?

A. Giving many political speeches. (Turn to p. 159.)

B. Being a scholar. (Turn to p. 113.)

C. Looking good and performing well on television. (Turn to p. 114.)

D. Having prior experience in the legislature. (Turn to p. 134.)

Answers and Explanations

A. Right! For many Latin American women, shopping every day is a social custom that has several causes. In spite of modern conveniences, women still go to the market every day to talk to their friends, much like women in the United States talk often to each other on the phone. Very few women work outside the home, so this is one acceptable way to get out of the house and check out what's going on in the neighborhood. (Even those who do work may meet each other at a neighborhood store after work to chat.) Another reason for going to the market every day is that almost no one drives to the market (partly because there's no parking near most markets), so whatever is purchased there must be carried home. And, last but not least, most Hispanics want their food as fresh as possible.

B. Not true. If they were considered weeds, why would there be so many in the flower market? Try again.

C. Although this may often be done (for example, *Javier Suárez, a sus órdenes*), the response that Don Javier gave was perfectly correct. Use the information in the example just given, and try again.

D. Maybe, since he certainly teases her a lot and he obviously likes her, but, if so, Karen already knows this and is also teasing him a bit. There's a better answer.

A. Correct! *Don* is a title of respect, used before a first name when using *señor* and a last name would be too formal. Don Javier is a friend of the family, but as an older and distinguished person, Ernesto cannot address him informally by his first name. And Mark was following the American custom of using the title "Mister" for older people, followed by what he thought was a last name. If Mark had realized that *don* was not a name, but a title of respect, and that Javier was his first name, he might have responded, *El gusto es mío, don Javier.* He could also have responded correctly by saying, *El gusto es mío, señor,* since it is not necessary to use a name after *señor. Don,* however, must be followed by a name. Remember that *don* and *doña* are used only for distinguished and respected persons.

B. Anita says that his family is Venezuelan, although maybe his grandparents or great-grandparents were from Poland. Use this clue to find a better answer.

C. No, Nicolás clearly states that Rafael is Amparo's friend. Try again.

D. Correct! The comprehensive high school (public or private) as we know it is extremely rare or does not exist at all in most Spanish-speaking countries. A few (mostly private) schools, however, do offer education beyond *la secundaria* (the seventh, eighth, and sometimes ninth years of schooling), but at this level schools offer only academic courses with no classes in such areas as physical education, the performing arts, commercial subjects, or career areas. Students who continue their education at the level equivalent to our high schools choose their own schools, and, of course, pay for their schooling. Their choices usually depend on the career they have chosen. Those who intend to go on to the university attend *la escuela preparataria* (or *la prepa,* as it's called in Mexico) to prepare them for the entrance exam. Other schools specialize in commercial fields, the arts, tourism, or languages, for example.

A. No, Canada is a foreign country and Puerto Rico is not. Use this clue to help find the correct answer.

B. Actually the reverse is true. Because she goes to the market every day, she can plan meals a day at a time. But there's another reason that she goes every day. Try again.

C. His uncle may have studied medicine before becoming a travel agent, but nothing in the conversation confirms this. Look for another answer.

D. Absolutely correct! For Americans, warm-blooded animals are almost human. But part of Spanish culture is a sense of human dignity and a belief that animals are not like humans. It is undignified to compare a human to an animal. First, there are often different vocabulary words to refer to animals and humans. Part of Julie's problem is that she doesn't know that she should call animals' feet *patas*, not *pies*. If someone referred to your hands as paws or to your nails as claws, for example, it wouldn't be a compliment. Some words refer to human traits, not animal traits. Gloria doesn't use *simpático* with animals, but rather *divertido*. Next, animals are almost never given human names or names that would result in an undignified comparison. Gloria doesn't like "Curious George" and "Professor" for that reason, although *Payaso* ("Clown") is all right. Finally, we use many animal expressions in English in addition to "puppy-love", but Spanish rarely has a translation for direct people-animal comparisons. It is an insult to one's dignity to be directly or indirectly compared to an animal. People are not dog-tired, for example, they are *cansadísimo*. Even expressions that compare animals to inanimate objects in English are seldom translated with animal terms in Spanish. If it's raining cats and dogs, for example, *llueve a cántaros*.

A. These are all common expressions for children, and in a general sense, they are nicknames. *Reina* is used for little girls at the demanding stage. *Preciosa* and *precioso* are used in a way similar to "sweetheart" in English. *M'ija* is a contraction of *mi hija* and, of course, *m'ijo* is just as common. Both are used with children of any age, even grown children. *Chiquillo* means "little one"; another version is *chiquis*. *Gordito*, which means "chubby", is a complimentary term in Spanish and is also used for adults. There are also many other expressions too numerous to mention. In this case, however, look for nicknames that are names.

B. Actually, what she is doing will help her friend. Try again.

C. Maybe, but nothing in the conversation suggests this. A mariachi group might play at the party following the wedding, but it would be an established group and would have already been hired. They probably would not go to her house the day before the wedding, but there are many other reasons that they might do this. Use this as a clue and try again.

D. This is the correct answer! The unique design that Iván's uncle uses to symbolize his name is called a *rúbrica*. Each person has a distinctively different *rúbrica* that is extremely difficult to counterfeit. The *rúbrica*, therefore, is a legal signature. In about the sixth grade, students produce a *rúbrica* and practice it until they are able to sign it so distinctively that no one else can copy it exactly. Checks are legal documents are always signed with the *rúbrica*, not a signature, and business letters are almost always signed with the *rúbrica*.

A. Possibly, but what they say indicates that they did follow the directions in this case. Try again.

B. Absolutely correct! In this country, being successful in a prior elected office is probably the most important factor (other than money), but in Latin America, a very important prerequisite is being a scholar. Many officeholders are writers, poets, or professors, for example, and having won a scholarly prize is a major consideration. Examples: the poet Luis Muñoz Marín was elected as the first governor of Puerto Rico; educator and writer Domingo Faustino Sarmiento was elected president of Argentina; and the novelist Rómulo Gallegos was elected president by the people of Venezuela.

C. He may be tired, but a twenty- to thirty-minute trip really isn't very far. There must be a better reason that he doesn't want to go. Try again.

D. It can't be too small if there are at least five bedrooms, and if the house were primitive, the exchange student organization would probably not put a student there. Try again.

A. Right! Spanish visitors to the United States are often dismayed by the widespread use of first names here, even among people who don't know each other at all. In this conversation, Karen's parents have just met Felisa's parents, and yet they start to use their first names immediately. Notice that Felisa's parents do not use first names when speaking to the Martins, but rather address them only as *señor* and *señora*. When talking to Spanish speakers, it is wise for Americans to be as formal as possible and to let the Spanish speaker decide when to change to a more informal form of address.

B. This would usually be true but it might not be. Sometimes even married women are called *señorita*. Use this clue to try to find a better answer.

C. Television is becoming a greater political factor in Latin America, but it is of minor importance compared to the United States. Also, American-style debates are almost unknown. Instead, programs similar to *Face the Nation* and hour-long serious interview shows are popular. Look for a better answer.

D. This may be true. Most Americans don't know very much about geography. But Melanie probably does know that she is on the border between the United States and Mexico. Try to find a better answer.

A. Correct! The average distance between people who are talking to each other in the Spanish-speaking world is about half the distance that it is here. All people stand closer when they talk, not just Mario. Megan probably didn't notice that Patricia also stands closer, partly because she's a girl, and partly because, if she's staying with her, she knows her better. But when a boy her own age stands that close, it makes her feel very uncomfortable.

B. The problem is that Kelly does understand this. But it is only partially true. A *madrina* who is a godmother is usually older and is certainly a friend of the family, but *madrinas* who are bridesmaids are young. As in the United States, they are usually more or less the age of the bride. Use this clue to try to find a better answer.

C. Father clearly says that the whole family is going to the restaurant. Use this clue to find a better answer.

D. This is sometimes the case both here in the United States and in other countries in the world, but nothing in this conversation suggests that he is being rude. To the contrary, he seems to be trying to be very helpful and polite. Try again.

A. It is true that Iván didn't give his uncle's complete name when he introduced him, but even if he had, Eric wouldn't recognize the signature. Try to find a better answer.

B. There probably are some Spaniards who don't like to eat at window tables where everyone walking by can watch them, just as there are some Americans who do not like window tables. This, however, has nothing to do with why Fernando doesn't want to sit there. Try again.

C. If it were true that the people running the restaurant were friends of the family, it would explain her lack of concern. Good friends are often given special treatment no matter what the situation is, and so, if they did know the owners, they probably would get a table without any trouble, but in this conversation we really don't know that. Although Bibiana says that they go there often, nothing specifically indicates that the owners are friends. Try again.

D. Correct! First, the vendor is translating *señor*, which can be used without a last name. Americans, however, consider the English equivalent, "Mister", to be rude if it is not used with a last name. Second, the vendor says, "You miss some very good things," which Americans would find acceptable in a print ad, but find rude when spoken, especially when addressing an individual directly. American tourists should realize that vendors who use "Mister" or "Lady" or who use "spoken ads", do not intend to be rude. They want to sell you something, of course, and they are usually just trying to be friendly and helpful by using English, although, like many language students, they may not always know how to use the language in every situation.

A. Right! A *sopa seca* might be noodles and a sauce, spaghetti, Spanish rice, or any other pasta. It might look like condensed chicken noodle soup right out of the can before adding water. The *sopa seca* is often served as the second course of the main meal of the day. And Mexican pastas and sauces are excellent!

B. No, all parks in Mexico are free of charge. Even museums and historical attractions that normally charge a fee are free to the public one day a week. Try to find a better answer.

C. Of course, these might be the girls' favorite colors, especially if Altagracia is active in this organization, but if so, there would be a reason for these being her favorite colors. Use this clue and try again.

D. True. What he hasn't learned yet is that schedules for buses, airlines, movies, concerts, games, classes, etc., use the twenty-four-hour clock. *A las quince*, for example, would be at three o'clock in the afternoon. If they arrive in Viña del Mar *a las veinte*, what time would we say in English that they will arrive?

A. This might be true sometimes, but probably not in this case. Melanie was the one who said that she had one foot in the United States and one foot in Mexico, so she probably does know in which country she is standing. Look for another answer.

B. No, reread the conversation. Lorenzo and Hugo are not talking about their soccer team's colors. They are not even talking about sports. Lorenzo explains to Brad what PASA means in this conversation. Try again.

C. Yes, this is probably what is bothering Rob. It is the custom for many Hispanic homes to have high walls around them. All kinds of houses have the walls, big houses and small houses, old houses and new houses, houses in the center of town and houses in the suburbs. No one is being held prisoner, and they do not mean that the house is in a high-crime area. The walls do discourage petty thieves and they do prevent dogs from escaping, but more importantly for Hispanics, they protect the family's privacy. The walls are often built very attractively, some in geometric patterns, some decorated with hanging baskets or ceramics in the shape of animals, or almost hidden by climbing vines and flowers.

D. Correct! Hispanics often address people by title or profession rather than name even in informal situations, and the terms *señor*, *señora*, and *señorita* precede them: *Señora Presidenta*, *Señorita Profesora*, and *Señor Carpintero* are examples. We sometimes do this in English also: Mr. President, Madam Secretary. Sarah heard José's father called *Señor Licenciado* (Mr. Lawyer), and assumed that his last name was being used.

A. They probably weren't served with a salad, but that's not why they are called green enchiladas. Most Mexican foods, like tacos, enchiladas, and tamales, for example, are not covered with garnishes as they often are here in the United States, but that's not why Bill doesn't want to eat them. Try again.

B. Yes, this is the correct answer. Nowadays, many brides here have wedding consultants who handle these kinds of details. Even those who take care of these things themselves seldom ask a variety of friends to run such errands, although in an emergency one good friend may handle one specific task. In many Hispanic countries, however, each bridesmaid has a specific responsibility. Not only do they pay for their part or assist in paying, but they also often have considerable input in choosing the items. The *madrina de flores* chooses the flowers (usually after talking to her friend, the bride), pays for them (sometimes with the help of other friends or parents), and picks them up and delivers them to the church.

C. You are right. Sometimes two different countries have two completely different names for the same place, and this can be confusing to someone like Melanie who is unaware of it. What we call the Rio Grande, the Mexicans call the *río Bravo*. Other examples: The Argentinians call the islands offshore the *Malvinas* and the British call them the Falkland Islands. And we call the Sea of Cortés the Gulf of California.

D. Nothing in the conversation suggests that Amalia is overweight, although from what she says, it seems as though she expects to eat again. Use this clue to try to find a better answer.

A. No, it's not a private school and it's not a parochial school. As Teresa says, it's a public school. Look for another answer.

B. Hispanics do like animals, but they don't pamper animals. They like animals for what they can do—bark when a stranger comes to the door, chase mice, give milk, etc. But adults rarely consider an animal as another member of the family as Americans do. Use this clue and try again to find the correct answer.

C. Correct! Since chrysanthemums are considered the flowers that one sends for a death, young men would never send them to a young woman. To avoid seeming like an "ugly American" (or an insensitive one) in cases like this, Americans need to find out why their friends of another culture react in a certain way, and follow their suggestions.

D. This might be partially true. Ernesto might have given a more complete introduction by saying, *"Don Javier, éste es mi amigo norteamericano, Mark Jones. Mark, éste es Javier Suárez, el buen amigo de mi abuelo."* If Ernesto had realized that Mark would be confused, he probably would have mentioned the last name. His introduction, however, was correct and Don Javier didn't interrupt. Use the information in the example given here and look for a better answer.

A. Correct. Americans generally appreciate things that are big: big cars, big diamonds, big stereos. Mexicans generally appreciate miniature things, especially miniatures with little details. Small boxes, such as this one of onyx, are very popular. One can also see little boxes of papier-mâché, of glass, or of wood, but American tourists buy few of them. There are also small dishes and small furniture, much too small for a child's dollhouse. There are miniature paper flowers, tiny painted ceramic animals, etc. Maybe when Kristin gets to know Mexico better, she will appreciate the gift.

B. This is the correct answer! Here in the United States most restaurant tables are for two or four, and there are few larger tables. When a larger group comes in, tables are shoved together, which means a longer wait until two adjacent tables are empty at the same time. In Spanish-speaking countries, there are few tables for four, and fewer still for two. Tables of six, eight, and ten are common because large groups are the rule rather than the exception. While they may have to wait to be seated, it will be because the restaurant is busy, not because their group is so large.

C. Because of the election system, Venezuelans never vote for individual candidates, male or female, but rather for all the candidates of a party. Venezuela has a comparatively good number of women officeholders, since the parties include women candidates, and when Venezuelans vote for the party of their choice, they are supporting these women. Use this clue to find a better answer.

D. The opposite might be true. A Polish family living in a Spanish-speaking country might change a Polish last name to a Spanish version, but it is very unlikely that a family living in Venezuela would change a Spanish name to the Polish version. Look for a better answer.

A. Correct! In many restaurants in Spain, if there is no tablecloth on the table, that means that food is not served at that table. Usually, of course, the tables with and without tablecloths are in different parts of the restaurant. Sometimes they are on opposite sides, and sometimes the tables without tablecloths are in front. Tablecloths signify formal dining service, and it is rare to find a traditional restaurant that does not have tablecloths.

B. Absolutely correct! It is the custom in Mexico to deliver invitations and greeting cards in person. It is considered discourteous to send them by mail, unless one lives at such a distance that it would be a burden to hand-deliver them. This custom may exist because the mail is not always reliable (not too different from the United States and many other countries), but a more important reason is that the personal contact gives people a chance to talk. Sometimes the invitations are oral rather than written. These invitations are given in person, of course, since it is also more polite than to issue invitations on the phone.

C. Right! There are German-Americans and Mexican-Americans here in the United States, and there are Polish-Venezuelan families in Venezuela. In Argentina, there are large groups of people of Italian and German ancestry, in Peru there are many people of German and British ancestry, etc. One's name does not necessarily identify one's country of origin, the language one speaks, or even one's ancestry. It's a diverse world today.

D. You're right! In English we use the word "hot" when something has a high temperature, and we also use the word "hot" when something is very spicy. Spanish, however, has two different words. When something is hot in temperature, the word used is *caliente*. Bill confuses Arturo when he uses the word *caliente*, however, because these enchiladas are not *calientes*, but rather *picantes*; that is, they are spicy with "hot" Mexican chilies. Bill did not expect this, since unless one asks, most Mexican restaurants in the United States serve one mild sauce, and another even milder sauce. In Mexico, if you like lots of chilies, ask for foods that are *picantes*. And by the way, *enchiladas verdes* are normally <u>very</u> *picantes*.

A. Since frozen vegetables are supposed to be kept frozen until prepared, it isn't likely that Mom would have asked Meche to take them out of the freezer earlier. Look for another reason that Meche is surprised.

B. No, it is not a Uruguayan military expression, although military people, like almost everyone else, also use the expression. And nothing in the conversation indicates that Ricardo is a military officer. Besides, they are saying this expression to Jim, not to Ricardo. Choose a better answer.

C. Correct. In Spanish, nicknames are often longer than names. The most common diminutive ending is *-ito* or *-ita* (*-illo* and *-illa* are also used). We would normally have the nickname Ray for Raymond, but in Spanish the nickname for Ramón is Ramoncito (a *c* is added when these diminutives follow *-n* and *-r*: Pilarcita, Omarcito). This ending usually means "small" or "little" and can be added to nouns, adjectives, and adverbs: *momentito* (a short minute), *bebita* (little baby), *prontito* (very soon), *al ladito* (right beside), *gordito* (chubby, not fat), *cochecito* (baby carriage), *favorcito* (a little favor), *taquitos* (small tacos), *ahorita* (right now). Additionally, the ending often has the connotation that you like or are fond of something (*abuelita* - "Grandma", for example). Women tend to use the ending somewhat more than men.

D. Maybe. We don't know what the weather is like, but from what is said, we can assume it's not summertime. The doors to the patio must be closed, because Enrique thinks they are windows. So there really isn't any evidence to suggest that they will eat outside. Try to find a better answer.

A. Wrong. The poor are also buried, but perhaps not in *tierra santa*. If the family fails to keep up payments for its plot of land, however, the bones are excavated and put into the pile. Use this clue to choose a better answer.

B. Absolutely correct! Since it is a commonwealth associated with the United States, citizens of the fifty states do not need passports or visas to go to Puerto Rico, and citizens of Puerto Rico do not need passports or visas to visit any of the fifty states. (Other American territories are the United States Virgin Islands in the Caribbean and Guam in the South Pacific.) Puerto Ricans are citizens of the United States and use the dollar as currency. Three major differences are that they cannot vote for President, their representatives in Congress cannot vote, and they do not have to pay the national income tax. But Puerto Rico is not a foreign country, and other Americans are as safe traveling there as they would be traveling to Hawaii, Alaska, California or New York.

C. This may sometimes be true, but in this conversation it is obvious that the Martins speak Spanish fairly well, and Mr. Ortiz admits that he speaks almost no English. However, although the Martins speak the language, they are not fmailiar with the culture. Use this clue and try again to find the correct answer.

D. Absolutely correct. They are being very polite. Most people who are introduced say this to the person they're introduced to. If one is introducing oneself, it's said after the name. In English we might say something like, "Let me know if there's anything I can do for you while you're here." Obviously the Spanish expression is easier to say.

A. Right! We often think of the color red when we think of Communists. In other countries, each political party is known by its colors. At political rallies, everyone wears either the party colors or a neutral color, but not the colors of a different party. Each party also has a flag and a symbol. In countries where many voters are not literate, the parties depend on the colors and symbols to identify themselves and their candidates. Most political rallies held in parks on Sunday afternoons are well-attended family affairs, and while many do listen to the speeches, many others just go to enjoy the day at the park. They are reminiscent of the political picnics held on Labor Day here in the United States but are often better attended.

B. This is the most correct answer. Frozen foods are very rare in most of Latin America (although there are a few American-style supermarkets in large cities where many Americans live). The climate and geography mean that fresh vegetables are always available in the markets and they are relatively inexpensive. Most Latin Americans, especially those who have never traveled to the United States before, have never seen or eaten frozen vegetables.

C. No, some of these bones are only a few years old, and although politics has an influence on why they are there, it's not a direct association. Look for another answer.

D. Since they have an exchange student living with them, they are probably upper middle class, and they probably do have a refrigerator. If they were in a rural area, this would be a more plausible answer. In this case, however, look for another reason.

A. It is true that she may not know this information since it is a new puppy, but this is not the best answer for the problems she's having in this conversation. Try again.

B. This may sometimes be true because most Spanish speakers, especially adults, consider it rude to use the *tú* form when one is not a close friend. But in this entire conversation, the *tú* form is used only by Felisa's parents when they talk to each other. There is no use of the *tú* form between Karen's parents and Felisa's parents. You are, however, on the right track. Try again to find the correct answer.

C. Yes, this is correct. The Holy Week processions are really not parades, and are not called parades, as Pilar keeps saying. Religious societies in each church build an elaborate float decorated with flowers and candles and showing a scene in the life of Christ. One night during the week before Easter, and also on Good Friday, religious societies take the floats through the streets. The various churches in one area of the city march the same night, so some of these processions are quite long. The members of the religious societies also walk in the procession in their religious garb. These societies date back to the Middle Ages, and as part of their religious robes, members wear tall pointed hats. Other groups called *penitentes* wear crowns of thorns and have heavy chains around their wrists and ankles. Still others carry large crosses on their backs. And all who watch these processions are very quiet. The crowd is hushed, and only the sounds of the shuffling feet or clanking chains can be heard.

D. The name "Junior" is not used for any son. Use this clue and try again.

A. Since he mentioned how spacious the kitchen was, he probably does know that there would be enough room for everyone to eat there. Try again.

B. Absolutely correct! The town is named San Cristóbal, and on the calendar of saints, July twenty-fourth is Saint Christopher's day. All parishes, towns, cities, and even the entire country have a patron saint, and these saint's days are celebrated with parades, music, dances, fireworks, and, of course, a mass in the church named for that saint. They say that there is a holiday somewhere in Mexico every day of the year. And, by the way, the national patron saint of Mexico is *la Virgen de Guadalupe*. Her day, December twelfth, is a national holiday.

C. Not true. He obviously likes Megan because when she says that he's not her boyfriend, he says that he wishes he were. From what is said in the conversation, he seems to like both of them. Look for a better answer.

D. Nothing in the conversation indicates that this might be true. This sounds more like an American set of parents than Chilean. Surely his Chilean family wants him to get to know Chile, and the ski resort of Portillo would certainly be a site they would want to take him to. Try again.

A. The conversation makes it quite clear that Carol and Bibiana are going to the restaurant. Try again.

B. Many Hispanics use a European style of writing, but Americans can usually read it with few problems. In this case, however, there is a different reason that Eric can't read the signature. Try again.

C. Yes, this is the correct answer, although, of course, visitors and some exchange students may be exempt from the requirement. Most parochial and private schools and also many public schools in Hispanic countries require students to wear uniforms.

D. She may not know the name of every person, but she certainly seems to have heard who many in the wedding party are. This is probably not what she means when she says she doesn't understand. Choose a different answer.

A. No, there are no *telenovelas* that have been on that long, and besides, Magdalena says that she likes it because it's modern. Choose a better answer.

B. True, and this is one of two correct answers in this section. (Can you find the other one?) Mexicans are not upset at having a pile of bones in the back corner of the cemetery, because it is the spirit that is important. Additionally, Mexicans have a less solemn view of death than Americans. First, they consider it a part of life. Also, they are able to laugh at it, to mock it. Finally, in some ways they are able to celebrate it. In some areas, for example, there is singing and dancing when a child dies, because they are celebrating their belief that God must have loved this child very much in order to have called him or her to heaven at such a young age.

C. Maybe his father is a military officer, although nothing in the conversation indicates this. In any case, that would not be the reason for using this expression. They would say it to Jim no matter what profession his father is or what Jim does. Try again.

D. This is the correct answer. Mexicans consider it polite to be helpful and they will try to answer questions, especially from tourists, the way that they perceive the person wants them answered. One of the unfortunate consequences of this basic desire to be polite is that, if they aren't really sure of the answer, they will often give directions that point you in the right direction, but are not very exact. When traveling in Mexico, it is wise to ask a person who is used to dealing with tourists. The police officer in this conversation, for example, probably gave them correct directions. Others who can usually give reasonably accurate answers are hotel doormen and taxi drivers.

A. Right you are! Kelly understands that one meaning of *madrina* is "godmother," when Chela says that Angelica's mother is her godmother, and, of course, people only have one godmother. But when Chela starts talking about several *madrinas*, Kelly doesn't realize that she means bridesmaids. That's why she asks why they are so young, and is surprised at how many there are. Some words in other languages have more than one meaning, so Americans must listen not to specific words, but to the entire idea, so that a new meaning can be learned. Chela keeps saying "*madrina de bodas*", and that they are young and friends of the bride, but Kelly apparently doesn't pay attention to all the clues, and just focuses on her defintion of *madrina*. Learn to listen to contextual clues in order to better understand the language you are learning.

B. Our parades have marching band music; this one doesn't. Our parades have happy, laughing, shouting people; this one doesn't. It also doesn't have giant balloons or cartoon characters. And their parades are organized by and supported by their churches; ours are not. So this really isn't very similar to our Christmas parades. Using these clues, try to find a better answer.

C. Correct! Technically, Chuck knows that his grade is a six, but he doesn't know what the grade means. In many (but not all) Hispanic countries, grades range from one to ten, with ten being the highest grade. While there are variations from country to country, the following scale is typical: ten and nine are excellent grades (*sobresalientes*), and generally equivalent to A and A-; eight and seven are very good (*muy buenas*), equivalent to our B; six and five are good (*buenas*) or C; four and three are passing but not satisfactory (*insuficientes*), like our D; and two and one are failing (*deficientes*), or F. A six is a reasonably good grade, especially, as Gabriela notes, because the class is not taught in English, but in Spanish.

D. Although it's true that Spanish speakers don't normally ask about one's job, that is certainly not a personal question that is impolite. So, while this answer may be partially true, it's not the real reason in this conversation. Try to find another answer.

A. You're correct in that many of the festivities take place at the church, but it's not a fair to raise money. Choose another answer.

B. As Beth keeps saying, "Maybe." If the pool were being cleaned or repaired, this would be a good time to do it. Use this clue and try to find a better answer.

C. The Mercado Libertad is a real Mexican market. The thousands of Mexicans who shop there every day far outnumber the tourists, although, as Victor states, most tourists in Guadalajara also visit the market since there can be some very good buys there. Paul wants to buy a guitar, and Victor assures him that this is a good palce to look, so this is not what is bothering Paul. Try again.

D. Yes, this is the correct answer. Venezuelans vote for the party, rather than specific candidates. The only similarity here in the United States is that when we vote for the president, we automatically vote for the vice president. In Venezuela, a vote for a certain party means that, depending on the percentage of the vote, the party can name people for positions. So, to answer Emily's question about what percentage it takes to win, there's no fixed number. Most parties list the people and the positions that they will fill, and the higher the person is on the list, the greater the chance of winning the post. Venezuela has a relatively stable democracy, but not all democracies have exactly the same system as the United States. If you are interested in government or politics, you would probably find it interesting to study governmental systems in the Spanish-speaking world.

A. Correct! The word *barrio* is Spanish means "neighborhood" or "area of the city." But Cheryl's father is thinking of the English meaning, a poor, run-down area of the city, or even a ghetto. Actually, San Isidro is one of the most beautiful areas of greater Lima. It is an upper-class residential district with elegant shops and restaurants.

B. Wrong. *Telenovelas* are extremely popular with people of all ages. Many *telenovelas* also have *fotonovelas* of the story, and the magazines constantly feature the *telenovela* stars. Additionally, some *telenovelas* are specifically shown for younger audiences. The *telenovela Carrusel*, for example, was set in an elementary school, and *Alcanzar una estrella* was about rock musicians. Find a better answer.

C. There is no mandatory busing in Mexico, and, in most cases, there are no public school buses at all. Students take regular public transportation, which is very inexpensive by American standards. Try again.

D. Correct, and this is one of the two correct answers in this section. (Can you find the other one?) After the Mexican Revolution of 1910, there was a complete separation of church and state in Mexico. One of the results was that the church was no longer able to add ground to its cemeteries, so the amount of *tierra santa*, or consecrated land, is extremely limited. For those who want to be buried in a family plot on consecrated land, there is no more room. The result is that people are buried very close together and on top of each other in the same grave site. And, after a suitable period, old graves are dug up to make room for new ones. Mausoleums have also been built that look like long walls with gravestones set into the wall, six to eight caskets high. In some cases, only the name and date of birth and death are marked into the wet cement after a casket is placed in a slot. But again, when there is no room, the oldest are taken out so that the site can be used again. Something may seem horrible to people in one culture and perfectly normal to people in another culture. Remember to try to understand their point of view, as they must try to understand what we do.

A. The daytime temperatures are not particularly high in San Cristóbal because it's so high in the mountains. Use this clue to find a better answer.

B. Correct. Most recipe books here in the United States contain a recipe for paella. There are many variations of the recipe, but almost all contain various sizes of shrimp and other seafoods, tomatoes, olives, rice, and saffron flavoring. Other ingredients commonly added are chicken and sausage. Tom thought it was like pizza because Pella Valenciana is served in a large pan (but deeper than a pizza pan) with some ingredients arranged artistically on top. And, as Isidro says, it's delicious! If you like pizza, tacos, croissants, and other international foods, you'll want to try paella.

C. Some of the strange vocabulary in this conversation is teenage slang, but most of it is not. Simón, for example, is slang for "a big yes" and *'mano* is an abbreviated form of *hermano* used with good friends.

D. Maybe and maybe not. Nothing in the conversation gives us information about the colors of the national flag. Try to find a better answer.

A. There aren't very many parks for picnics in Mexico, but there are some. In Chapultepec Park in Mexico City, for example, one can see people having picnics every day of the week, and crowds of people on Sunday. Try again.

B. This is the correct answer. In Spain, the main meal of the day is usually eaten between two and four in the afternoon, and supper is eaten between nine and ten at night (or even later on special occasions). Supper is normally eaten when the family arrives home at night, and in many places they do not go out again, especially on weeknights. Amalia thinks that the American supper was a late midday meal, and, because they went out to go to the library, she thinks they will eat supper later.

C. One hundred per cent correct! We consider the basic price the lowest price, but the basic price in a Latin American country is the highest price, not the lowest. First, of course, people bargain down the price in a market. Even if an American doesn't bargain, but just hesitates briefly while considering the purchase, he or she may get a ten per cent discount as an inducement to buy. Finally, if one is family or a friend, the price will be just barely above wholesale, the lowest price possible to stay in business. Thus Esteban knows that the price they will pay will be much less than the sign says.

D. Having prior experience in the legislature is not a major factor for a successful candidate in many countries, since the candidates are selected, not by the voters, but by party leadership. Thus, cabinet members and well-known party members are often selected. Try again to find the qualification that would make the party choose its candidate.

A. Mrs. Fuentes says that the invitations are finished, and we'll have to assume that includes the envelopes, since nothing in the conversation indicates otherwise. Try again.

B. If last names were not given except in very formal introductions, Ernesto wouldn't have used Mark's last name in this introduction. Try again.

C. This may be true. Many Americans generally do eat more than is good for their health, but nothing in the conversation suggests that Amalia doesn't want to eat. On the contrary, she has already eaten a good meal and seems to think they are going to eat again. Try to find a better answer.

D. You are right! They are using typical Mexican Spanish. Almost all Mexicans say *alberca* instead of *piscina* (swimming pool), and many Mexicans say *aquí mero* for *aquí mismo* (right here), *chamacas* for *muchachas* (girls), and *pachanga* for *fiesta* (party). The expressions *Brincos dieras* (Don't you wish), and *Estamos en onda* (We're with it) are informal, but widely used. *Pos* is a Mexican variation of *pues* (well...). *Chau* (So long), while more common in South America, is also used often in other parts of the Spanish-speaking world. *Quihúbole* is Mexican for *Hola, ¿qué pasa?* (Hi, how's it going?), and *Híjole* means *¡Fantástico!* (Wow!). *Los viejos* (old people) refers to married people: women may call their husbands *viejo* and husbands may refer to their wives as *vieja*, even if they are young. *Ándale* is used by all Mexicans to give permission for another person to break off the conversation. *¡Qué padre!* means *Estupendo!* or *magnífico!* Young males use the term *cuates* for good friends, and it can also mean twins, and a *lunada* is a nighttime party held outdoors (in the moonlight). *Diablal* means a large group, and both *plata* and *feria* refer to coins. *Elepés* are *discos* (LPs). You will learn standard Spanish in school that is comprehensible in any Spanish-speaking country, but just as there are variations in English according to age, sex, and region, you will need to learn the variations of Spanish for any country where you have an extended stay.

A. This is not the answer. Although the introduction may not have been perfect (what is?), it was certainly acceptable. Her Spanish was correct and she mentioned both names. There is another reason that José's name was wrong. Look for a better answer.

B. Correct. This is the only reason given here that explains what they're planning. In many Hispanic countries, a *novio* serenades his *novia* in the evening, but in Mexico, friends and family serenade girls on their birthday or saint's day early in the morning. That's why the song is called *Las mañanitas*. Parents may also be serenaded early in the morning on their birthday or anniversary. And sometimes a loud and rowdy group does serenade a young man on a special occasion.

C. Correct! One of the major differences between *telenovelas* and soap operas is that the *telenovelas* are like a very long mini-series. Normally they last two to three months. Another difference is that the *telenovela* is a single story, although there may be a couple of subplots that are connected to it, while most soap operas have numerous overlapping stories and subplots.

D. No, if it were a demonstration against the embassy, the marchers would probably be noisier and there probably wouldn't be floats with lights and flowers. Try again.

A. In most countries the Greens are the environmental party, so in this case, she would be both helping the ecology and supporting her friend. Try to find a better answer.

B. Right. Most schools do not have extracurricular activities. There are, however, many clubs that have sports facilities. Most sports operate in a manner similar to swimming in the United States; the average student applies for membership and pays a small fee to swim at municipal pools or swims at a private pool (although some larger schools do have swimming pools). Both here and in Hispanic countries, champion swimmers belong to swim clubs. Not just swimming, but all sports follow this system in Latin America. Additionally, there are clubs, organizations, societies, and other sponsored groups for students interested in other activities. Museums, for example, regularly have meetings of people interested in arts and crafts. Nevertheless, Hispanics generally do not belong to or join as many groups or clubs as Americans do.

C. As an American, Kelly assumes that friends of the bride and groom will try to play tricks on them (like putting lots of confetti in their suitcases, or painting signs on cars), but none of what the young Americans are talking about seems to be a trick. In fact, they seem to be helping her. There is a better answer. Try again.

D. It is true that the post office is not very close to where they live, but nothing indicates that she will put them in a mailbox. She could have sent them to the post office with Julio, but she did not do this. Try to find a better answer.

A. Right! In Mexico, the *escuela secundaria* follows the *escuela primaria,* and is, therefore, equivalent to our middle school or junior high school. A *colegio* follows, but it is the equivalent of an academic high school. A university is *una universidad,* and colleges within the university are called *facultades*.

B. The family has lived here more than twenty years, and although there are many small earthquakes in Guatemala, the house is all right. If there were a big earthquake, even a well-built house might sustain damage. Maybe this is bothering Rob, but it was Santos who mentioned earthquakes. Try to find a better answer.

C. No, none of the students attending the school participate in extra-curricular activites. Use this clue to find a better answer.

D. The Indians of the region are also celebrating the day. It's not a Mayan day, but rather a Christian day of celebration. Use this clue to find a better answer.

A. It's not a rally either. And it really has nothing to do with the Ku Klux Klan. Try again.

B. Mexico is hundreds of miles *north* of the equator. If you ask yourself, however, *why* the seasons are reversed south of the equator, you would be able to choose the correct answer. Try again.

C. He may wonder why they are leaving early, but when Gregorio explains that his father has to work and that he and the family will come later, Brian seems to understand. Try to find a better answer.

D. Most Latin American schools do not have cheerleaders. (See Chapter 15, *El club*.) Try again.

A. As in the United States, it is usually first come, first served at restaurants, whether or not there are elderly people in the group. Often, they do bring extra chairs to the waiting area for the elderly, but sixty-four is really not that old. Try again.

B. As do most Mexicans, José probably does use his mother's name, Gutiérrez, in more formal situations, in which he would refer to himself as José Lozano Gutiérrez. Nevertheless, that is not the reason that Sarah misunderstood his name. Try again.

C. The post office is not always very reliable in this country either, but for personal mail we rarely use alternate services. Would you send party invitations by United Parcel Service, for example? Let's assume that Mrs. Fuentes will not use any kind of delivery service, since nothing in the conversation indicates it. Try to find a better answer.

D. It is true that Guadalajara is called the city of eternal spring, but it is not wintertime the year round in San Cristóbal. Although San Cristóbal is high in the mountains, it is not above the snow line. Its altitude is about the same as that of Mexico City. The altitude, however, does have something to do with the answer. Use this clue to try to find a better answer.

A. This is true, but Paul answers the vendor in English, and we'll assume that he is being polite to the vendor. Of course, he wants to speak Spanish, but that's not what's really bothering Paul. Try again.

B. Right! The *segundo apellido* is a second last name. The baby in this conversation would have the name Tomás Adán Ramírez Bustamante. Names are alphabetized by the father's family name, in this case Ramírez, but the mother's family name, Bustamante, is added to the father's family name. His legal name, therefore, is Ramírez Bustamente. Since the paternal grandmother's name was different (Rosa Marín, for example), the father would be named Tomás Adán Ramírez Marín. So the father's name and the son's name are not the same, and therefore "Junior" is not used as part of the child's legal name. Informally, to distinguish the child from his father, he may be known as Tomasito, and when he is older, Tomás Chico or Tomás Joven.

C. Tom thought it looked like pizza, so it's probably not a soup. Also, it's actually more of a seafood dish than a meat dish, although it often does have sausage and chicken. Look for another answer.

D. Perhaps. In English we say "wedding", which is singular—one wedding. But in many Spanish-speaking countries, they say *"bodas"*, which is plural. Most couples have both a church ceremony and a separate civil ceremony (the legal one). But at least in this conversation, there is no evidence that Kelly misunderstands. Try again.

A. No, that is not the main reason for the language in this conversation, although Nahuatl, a modern version of the Aztec language, is still spoken in parts of Mexico. There are, however, Aztec words in the conversation: Ixti is Ixtacchihuatl, one of the two snow-covered volcanoes visible on clear days from Mexico City (the other is Popo or Popocatepetl). Tlalpán is an area of Mexico City and Teotihuacán is the area and town near the pyramids.

B. According to Bibiana, Fernanda isn't working today. Fernanda is probably the maid, and Sunday is the traditional day off for servants in Mexico. In fact, that's why so many middle- and upper-class families eat out on Sunday. It is very unlikely that Fernanda will come back to babysit. Find another answer.

C. No, while some dehydrated soups are used for seasoning and sauces, they are rarely used to prepare soup. Try again.

D. Surely a last-minute "pickup band" like this would not be marching in a parade. Try again.

A. Since he is an exchange student, he certainly gets good grades. We can't be sure, but he probably does get an A in English. Gabriela, however, indicates that the class is taught in Chuck's second language, and since this is Chile, it is most likely a Spanish literature class taught in Spanish, not English. Try to find a better answer.

B. Right! Amparo is a girl's name. There are a few girls' names that end in *-o*; Conseuelo and Rosario are two other common girls' names. Also, girls sometimes have middle names that are usually boys' names: María José and María Jesús are both common. Girls may also have their father's name as a middle name: Ana Felipe, for example. Reread the conversation to find the clues.

C. Since Arturo is also having the *enchiladas verdes,* this is probably not the reason why Bill doesn't want to eat them. Try again.

D. Maybe. But she's not as surprised by the vegetables as she is that they are frozen. Look for a better answer.

A. It seems so obvious! This is absolutely correct. In Latin America, you will not be given the check unless you ask for it. That is so you won't feel rushed, and so you can linger over your last course and talk. It would be impolite to interrupt you with the check. If you are ready to leave, motion to the waiter, make a gesture as though writing a check, and/ or say "*La cuenta, por favor,*" and you will get the check immediately.

B. This is not the right answer, because with this grade, he already has passed the course. Exams are given at the end of a course and one must pass the exam to pass the course. Use this information to try to find the correct answer.

C. This is the correct answer. San Cristóbal is high in the mountains, and the altitude keeps the temperature cool the year round. Because their rainy season occurs from June to September, people of San Cristóbal consider this their wintertime. However, Amy, who is from Nebraska, will probably be warm enough with a light jacket over a sweater, because the temperature will only fall into the mid-fifties Fahrenheit. Marisa gave the temperature in Celsius. And what Marisa calls an *abrigo* is more likely what we would call a spring coat.

D. The governments of all nations want foreign travelers to spend their money. But since they also want them to have a nice vacation so that they'll come back someday, they certainly wouldn't close the swimming pools for this reason. Try again.

A. No, the word for pizza in Spanish is *pizza*. Try again.

B. Maybe, but this is unlikely, since young people in Hispanic countries who attend an academic high school almost never have a job while attending school. Their schoolwork takes all their free time. Try to find another answer.

C. As the young Americans note, the tourist area of the *Zona Rosa* is not big. It is in an area of about four blocks by six blocks, and it is fairly easy to find places there. Actually, if they had kept walking, Jeff and Ted probably would have found it without asking directions. Try to find a better answer.

D. Well, we don't know for sure from what's said in the conversation, but it's possible that he may keep putting his arm around her, especially just before she says, "Mario, I'm not your girlfriend." Many young Panamanian men, like many young American men, still do this. For Americans, of course, it may be illegal if the girl doesn't like it, but for the Panamanians, it's a cultural gesture of *machismo.* This is probably part of what's bothering her, but there's more. Use this clue to find another answer.

A. This is not the correct answer, but sometimes a group of friends does "serenade" a friend in a somewhat less than serious manner, usually in the middle of the night rather than in the morning. Try to find a better answer.

B. The vendor may want to sell something to Paul, but he isn't angry. Vendors are sometimes annoyed when a shopper takes too much of their time and then doesn't buy anything, but that's not the case with Paul and Victor, who are just passing by the shop. Nevertheless, tourists should not get upset if they themselves have been polite. Look for another answer.

C. Not true. Some high schools here are easier than some high schools in Mexico, and some high schools in Mexico are easier than other high schools here. The same is true of colleges and universities. Find a better answer.

D. This might be what he thinks, but Adriana assures them that her family is eager to see them and is ready for their visit. Try to find a better answer.

A. He probably does think they're expensive, but if so, he would think all the flowers are expensive. This is not the reason he doesn't want Andrew to get these particular flowers. Use this as a clue and try to find a better answer.

B. If he thought that, he would come to the table and ask if they wanted something else. Silvia has said that the waiters are very attentive. Try again.

C. This is partly true. Minor children who accompany their parents may be listed on their parent's passport, and, if they are, then they don't need a separate passport. But many parents prefer that children do have a separate passport in case of emergency. Tim, however, insists that he doesn't need a passport, and he is correct. Find another answer.

D. As in the United States, it is usually first come, first served at restaurants, whether or not they have small children. Try again.

A. It may be true that he's confused about going to Viña del Mar in December, because the seasons are reversed in the southern hemisphere, but Brian doesn't mention it, and when Gregorio explains Viña del Mar to him, he says he can't wait until vacation. Try again.

B. No, Mexicans almost never have canned soup. They tend to go to the market daily and buy fresh food. Soup is homemade and prepared just before the meal. Try again.

C. This might be true. The headwaiter in some restaurants is the person who takes the order, usually because he speaks some English, and who brings the check. Anytime there needs to be communication with the guests, the headwaiter is the contact person, but in this case, he's not bringing the check either. Why isn't he? Choose another answer.

D. It is unlikely that she has anything made of onyx, since, as Raquel says, there aren't many things made of onyx in the United States. And since she doesn't know what to put in it, it is almost certain that she doesn't have a little onyx box. Try again.

A. At first, yes, but just before saying she doesn't understand weddings here, she does at least find out what Paco was trying to tell her on the phone. Look for a better answer.

B. Definitely not true, at least according to Paquita. She says he's nice and rather cute. Of course, opinions differ, but try to find a better answer.

C. Yes, this is correct. In reading this conversation, you probably assumed that the family would be eating in the kitchen, but Latin Americans seldom, if ever, eat there. All meals, even breakfast and lunch, are normally eaten in the dining room, so this is what Enrique expected to do.

D. There are many variations of the recipe for paella, but each restaurant usually has its own special recipe and would not vary it from day to day. Look for a better answer.

A. This is not an unreasonable answer, because getting commissions for directing people to a place of business is a way of life in Colombia. Tourist guides, taxi drivers, and even policemen earn commissions, but in this case Esteban will not get a commission, and there's a reason why. Use this as a clue and look for a better answer.

B. No, they are not speaking a Spanish version of Pig Latin, although, of course, such "game" languages exist in Spanish. Try again.

C. This, of course, is partly true. She is just now learning that there are often different vocabulary words used to talk about animals. Animals' feet are *patas*, not *pies*; animal skin is never *cutis*, but *piel*; and noses of animals are usually *hocicos*, not *narices*, for example. Julie asks about ears and learns that *orejas* is the word used in this context. But not knowing the vocabulary is only part of Julie's problem. Use this clue to try and find a better answer.

D. Maybe there are leftovers in the *sopa seca*, but not necessarily. Find a better answer.

A. Nicolás has already said that Amparo is older. But since she's a university student, she probably isn't that much older. Use this information as a clue and try again.

B. When they know the area and when they know where the place is, they give very good directions. Use this clue to try to find the correct answer.

C. This is the correct answer. *Señorita* means "Miss," but it also generally refers to a young woman, whether or not she is married. The travel agent was paying her a compliment, because she obviously appears young to him. Of course, in addition to meaning "Ma'am," "Lady," or "Mrs.," *señora* usually carries the meaning of older woman, that is, a woman respected because of her age, even if she is not married.

D. It's correct that the season is over for this *telenovela*, but it will not be back on in the fall. The story is finished, and a new *telenovela* will appear next week. *Alcanzar una estrella*, however, was so popular that a sequel was produced, *Alcanzar una estrella II*. Additionally, very popular *telenovelas* are sometimes shown again a year or so later, but just as showing a movie again would not be considered a rerun, these are not reruns either. Look for another answer.

A. Not according to Santos, who tells him that there is not much crime here and that it's a calm neighborhood. Try again.

B. It wouldn't take very long for the enchiladas to cool down if that were the problem. But that is not the reason that Bill doesn't want to eat them. Look for a better answer.

C. Meche already knows about the potatoes in the microwave, so we can assume that she realizes how quickly foods can be prepared. Many upper-class families and a growing number of middle-class families in Latin America have microwave ovens. Try again.

D. Absolutely correct. Babysitters in the American sense are almost unknown in Spanish-speaking countries. Wherever the family goes, the children go also. It is common to see young children even at the best restaurants. Of course, as Bibiana says, she and Carol will probably have to watch the children at the restaurant.

A. The school does attract scholars, not athletes, but that is not why Keith can't participate in activities in the school. Look for a better answer.

B. No, Isabel and Ramón are their names, not their nicknames. Try again.

C. Maybe she is forgetful, but if that were the reason she shops every day, if would mean that almost all women in the Hispanic world are forgetful. There's a better explanation. Try again.

D. No, a stand or store in the market would never offer delivery. If one wants delivery, however, the proprietor usually knows someone (often a ten- to fifteen-year-old boy) with whom one can negotiate separately to make the delivery. Try another answer.

A. No, nothing in the conversation concerns boundary lines. Additionally, for the most part there are no official school districts in Mexico. Use this clue to find a better answer.

B. No, the fifteenth on the calendar would be *el quince* and Gregorio says *a las quince*. Use this clue to pick another answer.

C. Maybe, but as Raquel says, onyx isn't used much in the United States, so how would she know if she liked it or not? If it were something new, she probably *would* like it. Try again.

D. Nothing in the conversation suggests that Esteban is jealous. Besides, he doesn't like the small arrangement either. Choose another answer.

A. In most respects he seems to be paying close attention to her. He is able to remember the places where her family wants to travel. Try to find a better answer.

B. This might be true. There are many misconceptions about Americans around the world, and while the term "TV dinner" isn't used much here any more, the stereotype of Americans eating their frozen meals in front of the television persists around the world. Nothing said in the conversation, however, indicates that this is the reason. Look for a better answer.

C. No, Fernando says that it is almost two o'clock, so this is the normal time to eat. Try to find a better answer.

D. No, López and Rivera are their last names. Choose a better answer.

A. No, she may have been tired from traveling, but she said that she did eat a lot. Try again.

B. At first, that may have been true, but Raquel gave her several suggestions of items to keep in the little box, and she could probably think of others. Find a better answer.

C. Yes, the parks are very crowded on Sunday, but that is because so many people like to go there. Since that is not mentioned at all in the conversation, however, we'll assume that the crowds are not the reason in this case. Try again.

D. It may be true that he's older than he looks, but what does that have to do with the age at which he's graduating? Try again.

A. While the grandparents may have suggestions for babies' names, it is the parents who give the child a name. And the child's *primer apellido* would seldom be the mother's maiden name. Use this clue and find another answer.

B. Normally, the better the quality, the higher the price, but in this case, Esteban continues to say that the price will not be higher. Choose another answer.

C. It is obviously true that she misunderstood his father's name, but this does not tell why she misunderstood. Try again.

D. Although there are many good restaurants in Segovia, there is only one mentioned in the conversation, and Fernando was the one who suggested it. Try again.

A. Nothing in the conversation tells us whether or not they are adopted, so they might be. This has nothing to do with the correct answer, however. The correct answer would still be true even if this were also true. Try again.

B. Graciela says that there are schools in the area. The location of the schools is not the problem. Use this clue to find a better answer.

C. The colorful clothes of the native Indians that Amy notices are not costumes or masquerades, but rather their traditional dress, worn for all special occasions. Try again.

D. Nothing in the conversation indicates whether this is a public or private school, but that would not make any difference in this case. Try to find a better answer.

A. Giving many political speeches is certainly important, but there is another qualification that is of greater importance. Try again.

B. If he is graduating from his *colegio*, he probably is intelligent, but this is not the correct answer. Try again.

C. This is often the case in Mexico, as it is here. But the middle name in Mexico would be similar to a first name, not a last name. If the grandfather's name were Carlos, for example, the baby's first or middle name might be Carlos. But the middle name in Mexico would never be the last name of the maternal grandfather. Try again to find the correct answer.

D. From what they're saying in the conversation and from how long they are talking, it is clear that they have finished eating. Try to find a better answer.

A. No, according to the introduction, he's an exchange student. But in either case, Jim himself will want to learn and use this common expression. Use this clue to help choose a better answer.

B. Cheryl's mother thinks everyone is ready, and although her father says he's not sure, that's not what he's unsure about. Choose another answer.

C. While she may want to be a *madrina*, or bridesmaid, nothing in this particular conversation suggests that. Try again.

D. Travel agents often handle visas, but do not handle passports. Applying for a passport, however, is easy: get the information at your local post office, preferably eight to ten weeks before your trip abroad. Tim, however, insists that he doesn't need a passport, and he is correct. Find another answer.

A. This is the correct answer! South of the equator, the seasons are reversed, and August is a winter month. So why do the girls say that it's so hot today? In the summertime in Paraguay (in December), the temperature is usually well over one hundred degrees Fahrenheit. When the temperature drops to only seventy degrees, it seems cold to the people there.

B. Melanie asks if there are two rivers and Lupita tells her no. Try again.

C. Of course, a traveler must always be careful of the water in other parts of the world, but at most major hotels the water is safe. Try to find a better answer.

D. Correct! Eating a picnic in Mexico means *not* eating at a table, but rather, it means sitting on a blanket on the ground and eating. There are, therefore, no picnic tables in parks, although some restaurants have such tables outside. On Sunday especially, when driving through the countryside, one sees family groups in comfortable locations all along the roads. Throughout such parks as Chapultepec in Mexico City, thousands of families spread their blankets on the ground to picnic. And in small parks and plazas everywhere on Sundays, one sees families having picnics sitting on their blankets on the ground.

NTC SPANISH CULTURAL AND LITERARY TEXTS AND MATERIAL

Contemporary Life and Culture
"En directo" desde España
Cartas de España
Voces de Puerto Rico
The Andean Region

Contemporary Culture—in English
Getting to Know Mexico
Getting to Know Spain
Spain: Its People and Culture
Welcome to Spain
Life in a Spanish Town
Life in a Mexican Town
Spanish Sign Language
Looking at Spain Series
The Spanish-speaking world

Cross-Cultural Awareness
Encuentros culturales
The Hispanic Way
The Spanish-Speaking World

Legends and History
Leyendas latinoamericanas
Leyendas de Puerto Rico
Leyendas de España
Leyendas mexicanas
Dos aventureros: De Soto y Coronado
Muchas facetas de México
Una mirada a España
Relatos latinoamericanos

Literary Adaptations
Don Quijote de la Mancha
El Cid
La Gitanilla
Tres novelas españolas
Dos novelas picarescas
Tres novelas latinoamericanas
Joyas de lectura
Cuentos de hoy
Lazarillo de Tormes
La Celestina
El Conde Lucanor
El burlador de Sevilla
Fuenteovejuna
Aventuras del ingenioso hidalgo
Don Quijote de la Mancha

Civilization and Culture
Perspectivas culturales de España, 2nd edition
Perspectivas culturales de Hispanoamérica, 2nd edition
Panorama de la prensa

For further information or a current catalog, write:
National Textbook Company
a division of NTC Publishing Group
4255 West Touhy Avenue
Lincolnwood, Illinois 60646-1975 U.S.A.